Johannes Matthias Roth

Lasst uns feiern und fröhlich sein

Modelle und neue Lieder zum Krabbelgottesdienst

Illustrationen von
Liebhard Bell

Claudius

Die Deutsche Bibliothek – CIP-Einheitsaufnahme

Ein Titeldatensatz für diese Publikation ist bei
Der Deutschen Bibliothek erhältlich.

Birkerstraße 22, 80636 München
www.claudius.de

Umschlaggestaltung: Büro für Konzept und Gestaltung
Meyer, Tübingen, mit einer Zeichung von Liebhard Bell
Satz: Stahringer Satz GmbH, Ebsdorfergrund
Druck: Schoder Druck, Gersthofen

ISBN 3-532-62286-6

Inhalt

Vorwort

„Gemeinsam mit Kindern das Leben und den Glauben entdecken." Dieses Motto in der eigenen Gemeinde umzusetzen, das ist der Wunsch unseres Vorbereitungsteams gewesen, das sich aus jungen Müttern (Hausfrauen, Lehrerinnen, Sozialpädagoginnen) und mir als Pfarrer und Liedermacher zusammensetzt. In kindgemäßen Gottesdiensten mit Kleinen und Großen das „Fest des Lebens" feiern: Kinder, Elternpaare, Alleinerziehende, sowie Großeltern, Paten, Verwandte und Freunde, ja alle, die gerne mit allen Sinnen Gottesdienst feiern, sind eingeladen. „Große und Kleine, Traurige und Fröhliche" (Sterne, 2) sollen im Raum der vertrauten oder eben nicht mehr vertrauten Kirche ganzheitlich und elementar erfahren: Gott beschenkt uns, er ist jedem von uns nahe, er begleitet uns durch gute und weniger gute Zeiten, und er gibt uns Zeit und Raum zur Entfaltung, zum Leben.
Unser Ziel ist es also, mit den Kindern im Mittelpunkt generationenübergreifende Erlebnisgottesdienste zu feiern, die die Sinne in besonderer Weise ansprechen: Mit Augen, Ohren, Nase, Mund und Händen erfahren, hören und wahrnehmen, dass Glaube und Leben zutiefst zusammengehören. Gott, der uns Menschen auf dem Abenteuer des Lebens begleitet, lässt uns die Welt entdecken, begreifen, beschnuppern, besingen. Er lässt uns vertrauensvoll ins neue Jahr hineintanzen. Er lädt uns wie Prinzen und Prinzessinnen an seine große Festtafel und schenkt uns mit dem Frühling viele schöne Farben, für die wir von Herzen „Danke" sagen. Dabei tritt die traditionelle Predigt als gottesdienstliche Kommunikationsform zugunsten der bewegenden Lieder, Gesten, Aktionen u. a. m. in den Hintergrund.
Es ist spannend, wie unsere Gottesdienstentwürfe, die wir hier anderen Gemeinden an die Hand geben möchten, zustande gekommen sind: Manchmal stand eine neue Melodie, ein neues Kinderlied am Anfang. Was dann folgte, war die Formulierung eines theologischen Zielgedankens und Überlegungen zur kreativen Vertiefung. Umgekehrt waren es oft aber auch einprägsame Erlebnisse, die einzelne Mitarbeiterinnen mit ihren Kindern hatten und so mit einer Bastel- und Gestaltungsidee themenbestimmend wurden. Erst dann reifte in meiner Musikwerkstatt ein neues Kinderlied heran. Wichtig war und ist uns immer, dass ein Gedanke mit einer Melodie und einer Aktion in den Mittelpunkt rückt, mit dem wir Kinder und Erwachsene gleichermaßen erreichen.
Wenn wir dann mit vielen Kleinen und Großen feiern, singen und beten,

können wir oft erstaunt feststellen, dass es nicht nur die Kinder sind, die diese Gottesdienstform lieb gewonnen haben – auch die Erwachsenen lassen sich von der Art, wie Kinder mit allen Sinnen den Glauben und ihre Welt entdecken, anstecken und erleben zusammen mit den Kindern ganz neu und ungezwungen christliche Gemeinschaft. So können im Krabbelgottesdienst neben den Kindern auch viele Erwachsene Schlüsselerlebnisse mit dem Reich Gottes haben, von dem Jesus sagt: *„Wer nicht wie ein kleines Kind voller Vertrauen zu Gott kommt, dem bleibt das Reich Gottes verschlossen."* (Markus, 10, 15 nach der Übersetzung „Hoffnung für alle")
Ich möchte an dieser Stelle dem Ansbacher Krabbelgottesdienst-Team mit Katja Nakladal, Hanne Mader, Birgit Ringler und Brigitte Richter danken, sowie dem Wendelsteiner Team mit Birgit Gronauer, Susanne Meyer und Beate Breun für alle Ideen, Impulse und mitverantworteten Gottesdienste.
Danken möchte ich auch Pater Anselm Grün, Professor Dr. Richard Riess und dem Religionspädagogen Franz Kett für beeindruckende Begegnungen und Vorträge. Ihre eindrucksvolle Weise, Glauben und Leben ganzheitlich zu verbinden, haben mich und meine religionspädagogische Arbeit mit Kindern stark geprägt.
Meinem Illustrator Liebhard Bell gilt mein Dank für alle Motivation und humorvolle Inspiration ebenso wie Herrn Rolf Hartmann im Claudius Verlag für alle Beratung und Hilfestellung, die das Buch ermöglicht haben.
In besonderer Weise danke ich meiner Familie, meiner Frau Renate mit den Kindern Oliver und Christianna, für die vielen Gespräche, Anregungen und Erlebnisse, für gemeinsames Singen und Tanzen: Ohne sie wäre sicherlich kein einziges dieser Lieder entstanden. Ihnen ist dieses Buch gewidmet.
Mein Beitrag zur Thematik trägt einen deutlichen musikalischen Akzent. Die sprachlich und melodisch einfachen Mitmachlieder vertiefen auf ihre Weise zentrale Themen des Glaubens und Lebens im Jahreskreis. Die Lieder sind in ausgearbeitete Gottesdienstentwürfe eingebettet und bieten für alle „Jäger und Sammler" in den unterschiedlichen religionspädagogischen und gottesdienstlichen Bereichen ein reichhaltiges Angebot zum sofortigen Einsatz, aber auch zur eigenständigen Um- oder Weitergestaltung.
Und nun viel Spaß beim Schmökern, Auswählen, Singen, Vorbereiten und dann: Ein fröhliches Entdecken und Feiern mit Kleinen und Großen!

Wendelstein, im Sommer 2002 Johannes Matthias Roth

1. Einleitung

Ein Blick auf die Fülle an Neuveröffentlichungen von Praxismodellen zu kindgemäßen Gottesdienstformen genügt, um zu spüren, welche Stimmung, welches Engagement, welcher Aufbruch in vielen Gemeinden hinsichtlich dieses Bereiches des sogenannten „zweiten Gottesdienstprogramms" vorherrscht. An vielen Orten werden schon Zielgruppen- und Projektgottesdienste in der Kirche oder im Gemeindehaus angeboten, die zumeist am Samstagnachmittag oder am späten Sonntagvormittag stattfinden. Oft sind sie sogar gemeindeübergreifend und ökumenisch. Der Krabbelgottesdienst trifft das Bedürfnis vieler junger Familien, die hörbar aufatmen und offen sagen: Hier können wir mit unserem Kind Gottesdienst feiern, ohne dass uns das Gefühl beschleicht, es stört die anderen. Hier können wir einfach da sein und spüren: Unser Kind ist hier *als Kind* von Herzen willkommen, und wir können selbst entspannt mitfeiern.
Im Krabbelgottesdienst wird den Kleinen nicht vorgeführt oder beigebracht, wie ein „Erwachsenengottesdienst" aussieht oder auszusehen hat. Nein, es sind die Kinder, die mit ihrem kindlichen Verstehenshorizont die liturgischen und inhaltlichen Spielregeln bestimmen: Gefühle, Spannung, Vorfreude, Bilder und Erfahrungen aus dem Jahreskreis kommen zum Ausdruck. Sie werden benannt, nachgespielt und nachgesungen. Sinnliche Fertigkeiten werden musikalisch und kreativ verarbeitet, ja auch die Struktur, die Sprache, der Inhalt und die Gestik im Gottesdienst orientieren sich an den Kindern. Die Lebenswelt der Kinder, die von Neugierde, Spiel und Lernprozessen geprägt ist, wird so aufgenommen und mit Geschichten, Erfahrungen und Melodien verbunden, die ihre „reale Lebensspannung" (Paul Tillich) betreffen. Ebenso wird das „Weltwissen" der Kinder vor dem Hintergrund des christlichen Glaubens kreativ, spielerisch und musikalisch gefördert.
Aber auch der Glaube der Erwachsenen erfährt neue Impulse: Eigene Erfahrungen mit dem Glauben, ja auch die Wahrnehmung der eigenen Glaubensentwicklung, werden im Krabbelgottesdienst mit den Erfahrungen und Entdeckungsreisen der Kinder zusammengebracht und neu eingeordnet. Nach oft langjähriger „kirchlicher Abstinenz" (meist von der Konfirmation bis zur Familiengründung) können Eltern einen neuen Zugang zum Glauben finden und so die Schwelle zu einer konkreten Gemeinde leichter überwinden. Vielleicht wagen sie sogar weitere Schritte im konkreten Gemeindeleben (engagieren sich z. B. in Mutter-Kind-Gruppen, beim Gemeindefest o. ä.).

Die elementare Form des Feierns im Krabbelgottesdienst gibt den Erwachsenen neben dem eigenen Miterleben auch Sprachmöglichkeiten an die Hand, mit denen sie Zuhause mit den Kindern über Gott und den Glauben reden können. Auf einfache Weise wird ihnen beispielsweise der Gedanke der Wertschätzung des einzelnen Menschen in einer komplex gewordenen Welt nahe gebracht (vgl. 3.2.). Eltern erfahren so stützende Impulse und konkrete spielerisch-musikalische Wegweisung für die religiöse Erziehung.
Nicht zuletzt können im Krabbelgottesdienst alle – vom Kind bis zur Großmutter – erleben, dass der Sonntag im Blick auf unsere Feiertags- und Gottesdienstkultur eine „Auszeit", eine „Feier des Lebens", und ein „Inseltag" ohne Leistung und Termindruck ist. Auch wird hier keine bloß kognitive „Mitarbeit" erwartet, sondern es wird ein ganzheitliches „Begreifen" des Glaubens an Gott ermöglicht: Spiel, Tanz und Singen vor Gott hat hier seinen Platz (Biesinger, 35).
Alle diese Erläuterungen, die von den überaus positiven Rückmeldungen unserer Gottesdienstteilnehmer herrühren, und die von vielen anderen Teams in ähnlicher Weise umschrieben werden könnten, veranlassen mich, folgende Grundthesen zu formulieren:

Grundthesen

1. Es gehört zu den Grundaufgaben einer Kirchengemeinde, die die Säuglings- bzw. Kindertaufe praktiziert, dass den Eltern und Alleinerziehenden attraktive gottesdienstliche Angebote zur religiösen Sozialisation der Kinder gegeben werden. Dass den Erziehenden einerseits Impulse, lebensbejahende Symbole und Deutungen des christlichen Glaubens zum Weltverständnis angeboten werden (Biesinger, 31) und sie so bei der religiösen Erziehung Unterstützung erfahren. Sie andererseits aber auch als Familien neue Erfahrungen im Gemeindeleben sammeln können und so einen Einblick in die liturgische Vielfalt des gottesdienstlichen Lebens gewinnen.

2. Kinder und Erwachsene erfahren durch das Erleben des Krabbelgottesdienstes einen neuen Zugang zum Glauben und erleben so das Auf-dem-Weg-Sein der großen „Gottesfamilie". Sicherlich wächst und gedeiht der kindliche Glaube in erster Linie in der vertrauten häuslichen Umgebung. Hier kann die christliche Persönlichkeit in besonderer Weise durch das Vorbildverhalten und den Vollzug von Ritualen (Gebete, Lieder

u. a.) geprägt werden. Es werden Bilder und Vertrauensmuster einer wachsenden Gottesbeziehung geschaffen, sofern die Voraussetzungen durch die Eltern gegeben sind (Biesinger, 45). Dennoch gewinnt der christliche Glaube durch die Erfahrung einer kindgemäßen Gottesdienstgemeinschaft, des gemeinsamen Singens, Betens und Erlebens, für Kleine und Große eine neue Perspektive.

3. Im Krabbelgottesdienst können auch Großeltern und Paten ihre Enkel- und Patenkinder auf deren „Entdeckungsreise" begleiten und so Impulse für ihre jeweilige Beziehungsarbeit mit den Kindern aufnehmen. Als Anknüpfung an den erlebten Taufgottesdienst und dem Taufversprechen der Eltern und Paten kann der Krabbelgottesdienst als erstes gemeindliches Erfahrungsfeld dienen.

4. Das Angebot eines Krabbel- oder Erlebnisgottesdienstes stellt eine wertvolle Bereicherung des Gemeindelebens dar. Es sind sowohl die jungen Familien, als auch die „jungen Alten", die neue Großelterngeneration, die hier Zugänge zum gemeinsamen Glauben und Leben vor Ort finden können. Im Zusammenspiel von Mutter-Kind-Gruppen, Kindergarten, Kindergottesdienst u. a. m. kann hier eine große Chance im Gemeindeaufbau wahrgenommen werden.

5. Im Blick auf die vielen gemischtkonfessionellen Familien kann nach Absprache mit den Nachbargemeinden der Krabbelgottesdienst seinen Teil zu einer gelingenden ökumenischen Zusammenarbeit beitragen.

Fazit

Der Krabbelgottesdienst beinhaltet die Chance, als Gottesdienst der Generationen gefeiert zu werden. Eine „Feier des Lebens" mit den Kindern im Mittelpunkt. Diese sind es, die uns mit auf ihre Entdeckungsreise nehmen und uns lehren, die Welt mit ihren Augen zu sehen. Mit ihnen können wir neu Staunen, Danken und die unbekümmerte Freude am Leben lernen und uns vertrauensvoll an Gott wenden. Nehmen wir uns wie Jesus für die Kleinsten der Gesellschaft Zeit und lassen sie zumindest im „zweiten Gottesdienstprogramm" die liturgischen Spielregeln erobern! Dafür sollten wir Raum und Zeiträume schaffen und uns durch Gottes Geist, der uns „Abba, lieber Vater" (Römer 8, 15) beten lässt, beschenken lassen.

2. Hintergründe und Tipps rund um den Gottesdienst

In aller Kürze sind hier einige Informationen zum Konzept und Tipps für die Praxis zusammengestellt.

2.1. Begriffsklärung und Konzept

Unser Leit- und Zielgedanke wurde bereits vorgestellt: „Gemeinsam mit Kindern das Leben und den Glauben entdecken." Dabei sind Eltern, Alleinerziehende mit Kindern bis etwa zehn Jahren als Zielgruppe eingeladen. Ebenso sind Großeltern, Patinnen und Paten, Verwandte, aber auch Konfirmanden und alle die eingeladen, die gerne in sinnenhafter und elementarer Form das „Fest des Lebens" mit den Kindern in der Mitte feiern möchten. Insofern steht unser Krabbelgottesdienst für einen bewegten Mitmach-, Familien- und Erlebnisgottesdienst.

2.2. Zeit

Um dem Sonntag als Tag der Familie, als „Feier des Lebens" oder als „Oasentag für die Sinne" den Rücken zu stärken, haben wir uns bewusst für den Sonntag als Krabbelgottesdiensttag entschieden. Interne Umfragen ergaben, dass der späte Sonntag Vormittag, also um 10.30 Uhr bzw. um 11 Uhr, der ideale Zeitpunkt für so einen Zielgruppengottesdienst ist. In der Regel dauert ein Krabbelgottesdienst zwischen 40 und 50 Minuten und lässt durch den „halboffenen Schluss" mit Essen und ausgiebigen Gesprächen den einzelnen Familien die Möglichkeit offen, jederzeit nach Hause zu gehen.

2.3. Ort

Die Entscheidung über die Ortsfrage des Krabbelgottesdienstes war in unserem Team insofern einfach, als dass wir in einer frei bestuhlbaren Kirche Gottesdienst feiern können. Wir sitzen in einem großen Stuhlkreis und haben einen Teppich in der Mitte, auf dem die Kinder während der meisten Zeit sitzen können. Es ist seither unsere durchgängige Erfahrung, dass die Gottesdienste von dieser Sitzordnung her leben. Der Kreis ist nicht nur in geometrischer Hinsicht die Vollendung aller Formen, sondern auch in der Kommunikation unter gleichberechtigten Gesprächspartnern. Gemeinden, deren Kirche einen größeren Chorraum besitzt, können sich diesen Raum für ihre Krabbelgottesdienste zu Nutze machen: Eine gestaltete Mitte - vielleicht ist es ja der Taufstein mit seiner zentralen theologischen und liturgischen Bedeutung – daneben ein Teppich, auf dem die Kinder sitzen können und außen herum die Großen mit den Babys und Kleinkindern auf dem Schoß: Das hat sich für uns als Ideallösung herausgestellt. Ermöglicht der Kirchenbau jedoch nur die traditionelle Sitzordnung im Kirchenschiff, sollte man sich Gedanken machen, ob man nicht zumindest für gelegentliche Gottesdienste ins Gemeindehaus geht, um dort im Kreis zu feiern. Viele der hier dargestellten Modelle leben von dieser Sitzordnung. Nicht zuletzt sei auch auf Bibelverse wie Markus 9,36 verwiesen, wonach Jesus ein Kind zu sich *in die Mitte* ruft und nun seiner Zuhörerschaft von der Mitte her Entscheidendes über den Glauben verdeutlicht.

2.4. Planung und Öffentlichkeitsarbeit

Wir orientieren uns bei der Themenwahl am Kalender- und Kirchenjahr, und nehmen Themen wie Frühlingsbeginn, Muttertag o.ä. auf. Dabei ist es wichtig, frühzeitig alle Termine mit anderen Gottesdienstformen, wie z.B. dem vielerorts traditionell gefeierten Familiengottesdienst zu Erntedank, abzuklären, um Überschneidungen in enger zeitlicher Abfolge zu vermeiden.
Den Zielgedanken formulieren wir knapp und konzentriert, und überprüfen immer wieder, ob Thema, Lied, Theologie und Aktion im Gesamtablauf stimmig sind. Wir haben erkannt, dass der Krabbelgottesdienst zugleich als Ideen- und Austauschbörse dienen kann: Welche Kinderbibel, welches Gebetsbuch, welche Kinderlieder können wir weiterempfehlen? Wo und wann ist der nächste Kinderkleiderbasar? Welche Erfahrungen haben Eltern mit dieser und jener familienfreundlichen Urlaubsadresse? Krabbelgottesdienste sind also ganzheitlich in jeder Hinsicht!
Da unsere Zielgruppe längst zur mobilen Gesellschaft gehört, ist eine Halb- oder sogar Jahresplanung wünschenswert. Werbung im Gemeindebrief, in der regionalen Presse, in Wochenzeitungen, im Kindergarten, in der Schule, in Infoanzeigern, beim Bäcker oder an der Infowand des Supermarktes bietet besonders zum Start einer neuen Gottesdienstreihe große Chancen, das Interesse der breiten Öffentlichkeit zu wecken. Ein

Bericht über den Verlauf eines Gottesdienstes kann dann wieder in den Gemeindebrief oder sogar in die regionale Presse zurücklaufen und ist eine gute Rückmeldung für die Öffentlichkeit, die auch die Familienfreundlichkeit einer Gemeinde verdeutlicht.

2.5. Vernetzung im Gemeindeleben

Als Gemeindepfarrer habe ich immer wieder erlebt, wie die Kinder- und Säuglingstaufe für junge Familien zur Initialzündung hinsichtlich ihres Gottesdienstverhalten wurde: Intensive Taufgespräche und das kreative Mitgestalten seitens der Eltern, Geschwister und Paten (Taufspruch- und Liedauswahl, musikalische Mitgestaltung, Gedicht, Taufkerze, „Wünsche- bzw. Gebetsbild", u.a.m.) haben nach den Taufgottesdiensten oft eine große Lust, ja Sehnsucht nach mehr elementarer gottesdienstlicher Erfahrung mit Kindern bewirkt. Und so waren es tatsächlich viele Tauffamilien, die unmittelbar nach den Taufen zu „treuen" Krabbelgottesdienstbesuchern, wenn nicht sogar zu Mitarbeiterinnen wurden.
Im Krabbelgottesdienst erfahren Menschen im Familienverband spirituelle Impulse, erleben Gemeinde mit allen Sinnen und können so von der Taufe her ihren Glauben gestalten. Im Sinne eines „tauforientierten Gemeindeaufbaus" ist hier eine Vernetzung im Gemeindeleben möglich und sinnvoll, die sowohl die gottesdienstlichen Bereiche wie Kinder- und Familiengottesdienste, als auch die Bereiche der Mutter-Kind-Gruppen, Kindergarten und Religionsunterricht berücksichtigt. Im Gesamtrahmen der ökumenischen Zusammenarbeit in den Gemeinden ist der Krabbelgottesdienst nicht zuletzt wegen der Vielzahl von gemischtkonfessionellen Familien ein wichtiger Arbeitsbereich. Nicht nur die Kinder, die im konfessionellen Religionsunterricht eine „Trennung" erfahren, sondern auch die Eltern haben hier die Möglichkeit die Einheit im Glauben konkret zu erleben. Dazu bedarf es Absprachen, Klärungen und wenn möglich gegenseitige Einladungen oder gemeinsame Aktionen der katholischen und evangelischen Nachbargemeinden.

3. Zum Ablauf eines Krabbelgottesdienstes

Bevor nun zehn ausgearbeitete Gottesdienstmodelle mit neuen Liedern zum Jahreskreis vorgestellt werden, soll zunächst der Gottesdienstablauf mit seinen einzelnen Aspekten beschrieben werden.

1. Phase: **Ankommen**	Begrüßung Bewegungslieder
2. Phase: **Entdecken**	Hinführung zum Thema Themenlied / Aktion und vertiefende Gedanken Gebet Vaterunser
3. Phase: **Stärkung zum Weitergehen**	Segenshandlung Essen Infobörse / Ansagen / Buchtipps / Taufmagazin Zeit für Gespräche

Die drei Phasen (Ankommen, Entdecken, Stärkung zum Weitergehen) mit den je einzelnen Inhalten haben sich im Laufe der Zeit als sinnvolle und konstante Abfolge ergeben. Während Phase eins und drei von der inhaltlichen Seite her klar umschrieben sind, steht hinter dem Stichwort „Entdecken" eine musikalisch-kreative Aktionsphase, die ebenso mit Stichworten wie „Dem Glauben nachspüren", „Den Glauben mit allen Sinnen vertiefen" oder „Vom Glauben bewegt werden" umschrieben werden könnte.

3.1. Rituale

Dass Bewegungslieder, Gebete wie das Vaterunser oder Segensworte als Anfangs- oder Schlussritual ihren festen Platz im Gottesdienstablauf haben, ist aus pädagogischen, psychologischen und nicht zuletzt auch aus liturgischen Gründen einsichtig. Das Wiedererkennen bekannter Melodien und Bewegungsabläufe, das „Sich-beheimatet-Fühlen" in vertrauten Gebärden, sowie die Phasenfolge von Ankommen, Entdecken und Stärkung zum Weitergehen ist für kleine wie große Gottesdienstbesucher eine Hil-

fe, schafft klar erkennbare Strukturen und lässt eine entspannte Atmosphäre entstehen. Nun wissen sie zumindest der Struktur nach, was im Krabbelgottesdienst auf sie zukommt.
Das Essen, ob als liturgisches Agapemahl (wie in 3.1.2 beim königlichen Festmahl) oder auch nur als Knabberei am Ende des Gottesdienstes, soll Kleinen und Großen bereits in dieser noch „unsakramentalen Form" die Ganzheitlichkeit des Feierns vor und mit Gott verdeutlichen. So mag Essen und Trinken in der Kirche tatsächlich als einfache Hinführung zum Abendmahl dienen: Kinder und Erwachsene erfahren, dass der Gottesdienst, die „Feier des Lebens", mit Essen und Trinken verbunden ist. Vielleicht ergeben sich von hieraus Anregungen zu einer innergemeindlichen Diskussion über das Kinderabendmahl.

3.2. Verkündigung für Kleine und Große

Krabbelgottesdienste richten sich in erster Linie am Verstehenshorizont der Kinder aus, an ihrer Erlebniswelt, ihren Phantasien und Fragen. Gemeinsam mit den Erwachsenen machen sie nun neue Erfahrungen mit Kirche, mit kirchlichen Riten und Symbolen, mit Haupt- und Ehrenamtlichen und mit den anderen Familien, die mit ihnen feiern.
Und doch richtet sich die Botschaft des ganzheitlich ausgerichteten Gottesdienstes an alle Teilnehmenden: An die, die mitten im Leben stehen, zum Teil den sogenannten „Ernst des Lebens" in familiärer, beruflicher oder gesundheitlicher Hinsicht erleben und zugleich an die, die völlig unbelastet und offen für jede neue Entdeckung ihre Welt wahrnehmen. So haben wir mehr und mehr gespürt, dass es neben der „Verkündigung für die Kleinen", keiner „Miniansprache für die Großen" bedarf, so als ob Spiel, Lieder und Aktion die Kinder anspricht und dann eine zusätzliche Auslegung für die Erwachsenen folgen müsste. Es hat sich vielmehr gezeigt, dass der eine elementare Gedanke alle gleichermaßen ansprechen kann. Deshalb haben wir bewusst auf einen zusätzlichen Verkündigungsteil „für die Großen", auf die traditionelle Predigt, sei es auch nur in der Form einer „erklärenden und nachklappenden Minipredigt" verzichtet. Bestärkt durch die vielfältigen Rückmeldungen haben wir immer wieder erlebt, wie durch Lieder, Aktionen, Gebete und Segensgesten die eine Botschaft in vielfältiger Weise für alle transparent werden kann. Vielleicht liegt auch hierin eine Chance, dem Übergewicht des gesprochenen Wortes im traditionellen Gottesdienstverlauf mit der Ausgestaltung durch bewegte Lieder, Aktionen und Segensgesten zu begegnen.

3.3. Guten Morgen, lieber Gott

Wie die bekannten Lieder „Halte zu mir, guter Gott" (Das Kindergesangbuch, Nr. 8) oder „Gottes Liebe ist so wunderbar" (ebd. Nr. 146), so eignet sich auch das Lied „Guten Morgen, lieber Gott" in seiner einfachen kindlichen Sprache als „Erkennungsmerkmal" für einen Krabbelgottesdienst.

Guten Morgen, lieber Gott

Text: Johannes Matthias Roth

Musik: Johannes Matthias Roth

Anmerkungen zum Lied	„Guten Morgen, ... schon aufgewacht":	*Ich strecke mich (Gott entgegen) und stehe sogar auf den Zehenspitzen.*
	„ich danke dir":	*Ich halte meine Arme wie eine Schale nach vorne.*
	„für diese gute Nacht":	*Ich lege beide Hände wie ein Kopfkissen an mein Gesicht.*
	„Guten Morgen, lieber Gott":	*Ich strecke mich nochmals (Gott entgegen) und stehe sogar auf den Zehenspitzen.*
	„ich freu mich auf den Tag":	*Ich springe auf der Stelle mit nach oben gestreckten Armen.*
	„und bitte dich":	*Ich halte meine Arme wie eine Schale nach vorne.*
	„bleib' du heut' bei mir":	*Ich überkreuze meine Arme auf der Brust.*

4. 10 ausgearbeitete Krabbelgottesdienste

4.1. Januar: Wir tanzen in ein neues Jahr

Vorüberlegungen

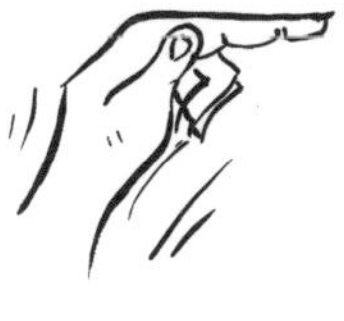

Ein neues Jahr liegt vor uns wie ein weites Land. Was das Jahr der Familie, einem Dorf, einer Stadt, einer Gemeinde bringen wird? Kleine und Große empfinden den Zeitabschnitt eines Jahres als unterschiedlich lang. Sie teilen ihn in Jahreszeiten und Monate ein, denken von Urlaub zu Urlaub, von einem Geburtstag zum anderen. Während bei einigen vielleicht Fragezeichen und mulmige Gefühle überwiegen, steht bei den anderen Vorfreude (z. B. auf Kindergarten- oder Schuleintritt oder den Urlaub) und Gelassenheit im Vordergrund.
Der Januar-Gottesdienst mit seinem Tanzlied im Mittelpunkt lädt alle ein, gelassen und vertrauensvoll in das neue Jahr zu gehen. Gemeinsam vergewissern sich Kleine und Große der Begleitung Gottes auf dem Weg durch ein Jahr und ermutigen sich gegenseitig dazu. Denn *„Gott ist bei uns alle Tage bis an der Welt Ende“* (Mt. 28, 20). Wie so oft kann man in diesem Gottesdienst erleben, dass es die kindliche Fröhlichkeit und Gelassenheit ist, die auch die Großen ansteckt. Zudem schafft ein Tanz eine

entspannte und unverkrampfte Atmosphäre, die auch ein gutes Vorzeichen für die folgenden Krabbelgottesdienste im Jahr ist.

Zielgedanke

Kleine und Große werden sich durch den „Neujahrstanz“ des gemeinsames Weges durch das neue Jahr bewusst und sollen ermutigt werden, sich im Vertrauen auf Gott auf den Weg zu machen. Der gottesdienstliche Tanz bringt dabei die Fröhlichkeit des Glaubens zum Ausdruck.

Hinweise
Materialien
Vorbereitung

Der Gottesdienst sollte terminlich am Wochenende nach Ende der Weihnachtsferien stehen. Alle Winterurlauber sind dann zurück, und der Termin ist dennoch nah am Jahresanfang. Einladungen werden bereits bei den gut besuchten Weihnachtsgottesdiensten ausgegeben.
Ein hölzerner Blumenrankbogen aus einem Baumarkt oder ein aus Pappkartons gebautes Tor bildet eine Pforte am Kreisrand, durch die alle Tänzer hindurchlaufen. Die entsprechende Jahreszahl wird (Ziffern aus festem Papier) auf die Pforte geklebt (M 1). Ob der Tanz im Chorraum der Kirche stattfindet, im gesamten Kirchenschiff oder im Gemeindesaal: Es sollte in jedem Fall genügend Platz für alle Mitmachenden vorhanden sein. Vielleicht kann das spontan zu Beginn des Gottesdienstes geklärt werden. Kleine Kinder können auf dem Arm der Eltern den Tanz miterleben. Die gestalteten Fußspuren (M 1) werden schon vor Beginn des Gottesdienstes am Tor angebracht. Am Ende des Gottesdienstes werden sie an die Kinder verteilt.

Lied und
Anmerkung

„Wir tanzen in ein neues Jahr“
(Die Liedteile, die zwei mal gesungen werden, können vom Team vorgesungen und von allen anderen wiederholt werden.) Zu Beginn des Tanzes stehen alle im großen Kreis:

„Wir tanzen in ein neues Jahr … im Kreise“:	*wir laufen in Tanzrichtung (gegen den Uhrzeigersinn) durch den Torbogen und geben uns die Hände.*
„dann gehen wir zur Mitte“ *(wird zweimal gesungen):*	*wir gehen ganz langsam zur Mitte hin, aufeinander zu.*
„grüßen uns alle“ *(wird zweimal gesungen):*	*wir winken uns zu.*
„wünschen uns das Beste“ *(wird zweimal gesungen):*	*wir reichen einigen die Hand.*

Wir tanzen in ein neues Jahr

Text: Johannes Matthias Roth | Musik: Johannes Matthias Roth

„für das neue Jahr, für das neue Jahr“:	*wir gehen rückwärts in den großen Kreis zurück.*
„wir klatschen … denn Gott ist immer“:	*wir drehen uns einmal und klatschen dabei.*
„da!“:	*wir strecken die Arme nach oben und rufen laut:* „da!“

Ablauf

Begrüßung

Wenn Kleine und Große in der Kirche zusammenkommen, dann sagt unser Gott, der Vater, der Sohn und der Heilige Geist: Ich bin da. Ich bin bei dir. Ich bin bei euch.
Ja, Gott ist bei uns allen. Und wir feiern einen fröhlichen Gottesdienst.
Wir strecken uns Gott entgegen, danken ihm, dass er uns einen neuen Tag geschenkt hat.
Wir wollen ihn bei uns begrüßen und singen:

Lied

Guten Morgen, lieber Gott (siehe S. 18)

Aktion

Liebe kleine und liebe großen Leute,
ich begrüße euch herzlich im neuen Jahr in der Kirche. Wir haben alle gefeiert, als das alte Jahr zu Ende ging und das neue Jahr auf einmal da war. Vielleicht habt ihr sogar Böller und Raketen gehört und gesehen, hoch am Himmel, erinnert ihr euch *(alle schauen nach oben)*, schön aber auch laut *(wir halten die Hände vor die Ohren)* waren sie.
Jetzt ist es auch schon wieder ein paar Tage alt, unser neues Jahr *(auf die Jahreszahl am Torbogen verweisen)*. Wenn ein neues Jahr beginnt, ist es so, als gehe ich durch ein Tor *(exemplarisch hindurchgehen)*. Hinter dem Tor beginnt etwas Neues, auf das ich mich freue.
Und dann gehe ich durch das neue Jahr, wie in einem großen Kreis, durch Frühling, Sommer, Herbst und Winter *(exemplarisch im Kreis gehen)*.
Bestimmt habt ihr schon Pläne für das Jahr gemacht! Vielleicht habt ihr zu Hause während der Festtage geplant. Was wohl alles in diesem Jahr auf uns wartet, auf Kleine und Große? *(diese oder/und konkrete andere aufzählen:)* Eintritt in den Kindergarten, die Schule, neue Arbeitsstelle,

Ende des Arbeitslebens, eine schöne Urlaubsreise, ein Umzug, vielleicht hat jemand aus der Familie einen Krankenhaustermin ?
Wie aber alles wirklich werden wird, das wissen wir nicht. Dafür wissen wir, dass unser Gott immer da ist. Er geht mit uns durch das Tor und begleitet uns auch im neuen Jahr. Deshalb können wir fröhlich Gottesdienst feiern und singen.
Wir stehen auf und sagen das einmal zusammen: „Denn Gott ist immer **da!!!**" *(bei „da": die Arme nach oben strecken, mehrmals wiederholen)*
Fröhlich gehen wir in das Jahr, wir wollen sogar zusammen tanzen: Wir stellen uns nun alle in einem großen Kreis auf: *(nun folgt der Tanz, siehe oben S. 20f.: Lied und Anmerkungen).*
Nach unserem Tanz in das neue Jahr wollen wir beten:

Gebet

Guter Gott, wir danken dir, dass du immer da bist.
Wir wollen fröhlich und voller Vertrauen in das neue Jahr gehen.
Du bist bei Kleinen und Großen, bei Traurigen und Fröhlichen.
Behüte uns auf allen Wegen.
Segne kleine und große Menschen.
Wir beten das **Vaterunser**

Segen

Gott, du bist innen	*meine Hände zeigen in Brusthöhe auf mich*
und außen	*meine Hände zeigen von mir weg*
und um mich herum.	*meine nach vorne ausgestreckten Hände ziehen je nach links und rechts einen Halbkreis*
Gieß' über mir deinen Segen aus.	*meine Finger ahmen über dem Kopf Regentropfen nach*
Du sollst bei mir wohnen:	*meine Hände liegen überkreuzt auf der Brust*
Ich bin dein Haus	*meine Hände bilden über dem Kopf ein Dach*

(aus: Christiane Dusza, Bei Gott ist es wie in einem Nest. Leise und laute Gebete.

LeiterIn:
So segne und behüte uns der allmächtige und barmherzige Gott, der Vater, der Sohn und der heilige Geist. Amen *(mit Kreuzeszeichen)*

Schluss

Austeilen der Fußspuren (M 1) mit Leitvers, Essen: Kekse, kleines Gebäck
Infobörse/Ansagen/Buchtipps
Zeit für Gespräche

4.2. *Februar: Ein Königsfest für Prinzen und Prinzessinnen*

Vorüberlegungen

Im Februar steht der Fasching quer durch die gesamte gesellschaftliche Landschaft ganz oben an: Vom Kindergarten- bis zum Schulfasching, von der Großveranstaltung am Marktplatz bis zur intensiven Berichterstattung in den Medien. Im Terminkalender mancher Krabbelgottesdienstbesucher wird auch die eine oder andere Faschingsfeier stehen. Warum also nicht das Kostümieren der fünften Jahreszeit mit einer der schönsten biblisch-theologischen Aussagen über Gott verbinden und in den Mittelpunkt eines Krabbelgottesdienstes stellen? Gott ist wie unser König. Wir Menschen, seine Kinder, sind folglich alle Prinzen und Prinzessinnen (vgl. Psalm 98, 6 „... jauchzet vor dem Herrn, dem König" oder traditionelle Choräle wie „Lobe den Herrn, den mächtigen König"). Das heißt für mich als Christ: Ich darf, ja ich soll mir meiner königlichen Würde immer wieder neu bewusst werden. So knüpft diese Thematik unmittelbar an die im Taufgeschehen übereignete Gotteskindschaft an und verleiht dem Gottesdienst somit zugleich den Charakter einer Tauferinnerungsfeier. Das königliche Festessen im Anschluss spielt in seiner Weise auf das Abendmahl an und kann hier als eine Art Agapemahl gefeiert werden.

Zielgedanke

Kleine und Große erleben „im Namen Gottes" ein königliches Fest und sollen sich so ihrer königlichen Würde als Kinder Gottes (neu) bewusst werden. Sie erfahren, dass diese königliche „Kostümierung" von unbegrenzter Dauer ist.

Hinweise
Materialien
Vorbereitung

Bereits in der Einladung sollte darauf hingewiesen werden, dass alle Kinder festliche Tücher oder Umhänge mitbringen.
Eine ausgewählte Person des Teams übernimmt die Rolle des Königs. Dieser und die anderen Mitglieder des Vorbereitungsteams sind festlich gekleidet. Der gottesdienstliche Raum kann mit Tüchern oder Requisiten als königlicher Prunksaal ausgestaltet werden. Der Königsthron wird durch ein farbiges (evtl. purpurfarbenes) Tuch gekennzeichnet. Teller, Becher, Gebäck und Tee, sowie Sitzkissen werden bereit gelegt. Ebenso liegen die Papierkronen (M 2), Stifte, Aufkleber sowie mehrere Heftklammergeräte bereit.

Lied und
Anmerkung

„Lasst uns feiern und fröhlich sein"
Von „Lasst uns feiern" *bis* „lädt uns ein" *klatschen*; *bei* „auf dieser Welt" *mit beiden Armen eine große Kreisbewegung, oben beginnend; bei* „dich und mich" *auf eine andere Person und dann auf sich selbst zeigen.*

Ablauf

Begrüßung

Wenn Kleine und Große in der Kirche zusammenkommen, dann sagt unser Gott, der Vater, der Sohn und der Heilige Geist: Ich bin da. Ich bin bei dir. Ich bin bei euch.
Ja, Gott ist bei uns allen. Und wir feiern einen fröhlichen Gottesdienst! Wir strecken uns Gott entgegen, danken ihm, dass er uns einen neuen Tag geschenkt hat.
Wir wollen ihn bei uns begrüßen und singen:

Lasst uns feiern und fröhlich sein

Text: Johannes Matthias Roth

Musik: Johannes Matthias Roth

Lied *Guten Morgen, lieber Gott (siehe S. 18)*

Aktion Heute sind wir alle Gäste bei einem großen Königsfest. Große und kleine Leute hat der König eingeladen. Hier, im Königssaal, sollen wir auf ihn warten. So hat der König gesagt. Der König selbst will mit uns feiern. Er will, dass wir alle seine Prinzen und Prinzessinnen sein sollen. Er mag uns so sehr, dass er sein Königreich mit uns teilen will: Du und du – ihr alle seid seine Prinzen und Prinzessinnen!
Als Prinzen und Prinzessinnen fehlt uns jetzt aber noch etwas ganz Wichtiges. *(Kinder befragen!)* Eine Krone brauchen wir noch, damit jeder ganz deutlich sehen kann, wer wir sind! Jetzt helfen wir alle zusammen, damit jede Prinzessin und jeder Prinz eine schöne Krone bekommt. *(Bastelaktion: Papierkronen, Stifte, Abziehbilder als „Edelsteine" werden verteilt. Die Eltern helfen dabei ihren Kindern, das Team heftet die Krone mit einem Heftklammergerät zusammen).*
Habt ihr alle eure Kronen aufgesetzt? – Schön seht ihr aus! Viele, viele Königskinder! Viele Prinzen und Prinzessinnen, da wird sich der König aber riesig freuen! Wollen wir den König mit einem schönen Lied überraschen? *(Lied einüben: „Lasst uns feiern und fröhlich sein")*
(Flüstern) Nun sind wir alle ganz leise. Wir wollen dem König melden, dass alle Prinzessinnen und Prinzen im Festsaal sind. Das große Königsfest kann beginnen.
Ankündigung durch einen Boten: Der König kommt!
König: Ich freue mich sehr, dass Ihr alle zu meinem großen Königsfest gekommen seid. Ihr alle gehört zu meiner Königsfamilie. Deshalb habt ihr alle eine schöne Krone auf: Ich bin sehr stolz auf euch!
Du bist die Prinzessin … – Du bist der Prinz … *(hier kann der König die Namen einzelner Kinder erfragen).*Hier, in meinem großen Festsaal, sollen alle Menschen fröhlich sein! Wollen wir ein Lied zusammen singen?

Lied *„Lasst uns feiern und fröhlich sein"*

König: Ich will euch heute von einem König erzählen, der noch viel, viel mächtiger ist, als ich es bin: Gott im Himmel. Er ist der größte König. Er hat die ganze Welt, die Pflanzen, die Tiere und uns Menschen geschaffen. Auch er wollte auf unserer Welt leben, und Jesus, sein Sohn, wurde geboren, damit er von seinem Vater, dem größten aller Könige, erzählen kann. Er hat mit den Menschen gesprochen und ihnen zugehört. Kleinen und Großen hat er geholfen und ihnen gesagt: Wenn ihr an mich glaubt und getauft seid, seid ihr meine Söhne und Töchter, Prinzen und Prinzessinnen.

Manche wollten ihn aber nicht hören und sagten: Sei still! Wir wollen von deinem König nichts wissen! Sie glaubten nicht, dass er der Sohn des großen Königs ist. So töteten sie ihn. Am Kreuz starb der Königssohn. Und seine Freunde hörten auf, Königslieder zu singen.
Doch der große König ließ seinen Sohn nicht allein. Er hatte soviel Macht, dass er den Königssohn zu neuem Leben erweckte. Und alle, die so sehr traurig waren, freuten sich: Der Königssohn lebt! Er ist bei uns, er liebt uns. Er weiß, ob es mir gut geht, oder ob ich traurig bin. Er lädt mich, ja uns alle ein mit ihm zu feiern – als Gottes Königskinder!
(Lied wiederholen)
Zu einem Königsfest gehört auch ein Festessen. Kommt, wir wollen dieses Festessen vorbereiten! Helft ihr alle mit? *(Größere Kinder, Eltern und Team legen bunte Decken und Sitzkissen auf dem Boden aus, verteilen Kekse – natürlich Prinzenrolle! – und Plastikbecher mit Tee. Im Hintergrund spielt beschwingte, tänzerische Musik, z. B. von Vivaldi, auch kann das o.g. Lied wiederholt werden. Das alles unterstützt die feierliche Atmosphäre.)*

Gebet

Lieber Gott, du bist wie ein großer König, dem die ganze Welt gehört.
Wir danken dir, dass wir alle deine Königskinder sind.
Durch die Taufe, durch unseren Glauben an dich,
sind wir wie Prinzen und Prinzessinnen.
Die Krone sagt mir: Ich bin ganz wertvoll.
Lass uns das nie vergessen.
Schütze und behüte alle deine Menschen dieser Welt.
Amen.
Gemeinsam wollen wir das Gebet sprechen,
das alle Königskinder auf der großen weiten Welt beten:
Wir halten uns an den Händen und beten das **Vaterunser**.

(Die Kinder essen gemeinsam; auch den Erwachsenen wird kleines Gebäck und Getränke gereicht.)

Segen

Gott, du bist innen	*meine Hände zeigen in Brusthöhe auf mich*
und außen	*meine Hände zeigen von mir weg*
und um mich herum.	*meine nach vorne ausgestreckten Hände ziehen je nach links und rechts einen Halbkreis*
Gieß' über mir deinen Segen aus.	*meine Finger ahmen über dem Kopf Regentropfen nach*

Du sollst bei mir wohnen:	*meine Hände liegen überkreuzt auf der Brust*
Ich bin dein Haus	*meine Hände bilden über dem Kopf ein Dach*

(aus: Christiane Dusza, Bei Gott ist es wie in einem Nest. Leise und laute Gebete.

LeiterIn:
So segne und behüte uns der allmächtige und barmherzige Gott, der Vater, der Sohn und der heilige Geist. Amen

Schluss

Essen/Infobörse/Ansagen/Buchtipps
Zeit für Gespräche

4.3. März: Der Frühling malt in vielen Farben

Vorüberlegungen

Der Frühling übt auf Kleine und Große als buchstäbliches Naturschauspiel eine große Faszination aus: Wie ein Künstler, wie ein Maler verwandelt der Frühling die Welt. Die Natur, die Tiere, wir Menschen leben neu auf. Wir entdecken die Welt um uns herum wie eine „Neuschöpfung“: Dunkles und Farbloses wird auf einmal hell und bunt. Darin entdecken wir als Christen den Leben schaffenden Gott, der uns durch Jesus Christus auch die Hoffnung auf Auferstehung gibt. Schöpfungspsalmen wie Ps. 104 stehen hierbei neben dem ersten Glaubensartikel (Ich glaube an Gott den Schöpfer...) im Hintergrund.

Zielgedanke

Kleine und Große entdecken Gottes schöpferisches Handeln in der Farbenvielfalt des Frühlings und werden eingeladen, dem Leben schaffenden Gott zu danken.

Hinweise
Materialien
Vorbereitung

Im Mittelpunkt der Aktion stehen Legetücher und -materialien, wie sie der Religionspädagoge Franz Kett in seiner Arbeit mit Kindern einsetzt. Es werden benötigt: Weiße, graue, schwarze, braune und grüne Legetücher (1 x 1 m), sowie unterschiedliches Legematerial (Holzringe, -blättchen, -kegel, Steine u.ä.) mit dem die Kinder Blumen und Bäume spielerisch-kreativ nachbilden können. Eine Person des Teams übernimmt die Rolle

Der Frühling malt in vielen Farben

Text: Johannes Matthias Roth
Musik: Johannes Matthias Roth

des Frühlingsmalers, der mit einem Malerkittel bekleidet ist und einen übergroßen Pinsel und eine Farbpalette in der Hand hält.
M 3 vorbereiten; evtl. Regenbogenpapier verwenden.

Lied und Anmerkung

„Der Frühling malt in vielen Farben"

„Der Frühling ... er uns sagen":	*wir ahmen mit einer Hand eine Malbewegung nach.*
„Wo alles ... in vielen Farben":	*wir zeigen mit einer Halbkreisbewegung vor uns auf die Fläche in der Mitte.*
„Wie neuerschaffen ... dafür danken":	*Kinder klatschen und drehen sich.*

Ablauf

Begrüßung

Wenn Kleine und Große in der Kirche zusammenkommen, dann sagt unser Gott, der Vater, der Sohn und der Heilige Geist: Ich bin da. Ich bin bei dir. Ich bin bei euch.
Ja, Gott ist bei uns allen. Und wir feiern einen fröhlichen Gottesdienst. Wir strecken uns Gott entgegen und danken ihm, dass er uns einen neuen Tag geschenkt hat. Wir wollen ihn bei uns begrüßen und singen:

Lied

Guten Morgen, lieber Gott (siehe S. 18)

Mitmach-Erzählung

(Die größeren Kinder werden unter Betreuung des Teams beim Legen der Tücher beteiligt) Wo sind nur die Farben geblieben? Wo ist rot und gelb und blau und grün? Ich sehe nur graue, braune, dunkle Farben in unserer Welt *(Tücher zeigen und Kindern geben, die die grauen Tücher ausbreiten)*. Nur schwarz *(schwarze Tücher ausbreiten)*, nur braune Farben *(braune Tücher ausbreiten)* und dort sogar weiß, da ist noch etwas Schnee *(zwei Kinder legen weiße Tücher)*. Und selbst im kleinen Bach ist noch kein neues Leben *(zwei blaue Tücher werden längs gefaltet und bilden einen Bach)*. Und oben am Himmel *(mehrere blaue Tücher bilden den Himmel)* sind noch kaum Vögel und Schmetterlinge zu sehen. Wo sind nur die schönen Farben in unserer Welt? Wir Men-

schen und auch die Tiere warten auf die Farben. Auf grünes Gras, auf bunte Blumen, auf Fische, auf Vögel und Schmetterlinge. Wann kommt der Frühling? Wann kommt der Frühling und malt unsere Welt bunt an?
(Der Frühlingsmaler betritt den Raum:) Hier bin ich! Ich bin der Frühlingsmaler! Ich bringe viele schöne Farben in die Welt *(zeigt Tücher)*. Hilfst du mir *(Kind auswählen)*, die Wiesen ganz grün und saftig anzumalen? *(Kinder legen behutsam grüne Tücher über einen Großteil der ehemals schwarzgrauen Fläche.)*
Wenn ich über's Land gehe und die Sonne so herrlich scheint, wachsen viele Blumen auf den grünen Wiesen. Helft ihr alle mit, bunte Blumen auf die Wiesen zu legen?
(die Kinder legen in ruhiger Atmosphäre mit den zur Verfügung stehenden Materialien „ihre" Blumenformen, Fische, Vögel, Schmetterlinge auf der gesamtem Fläche aus; währenddessen kann hier ruhige Instrumentalmusik eingespielt werden)
Wollt ihr nun mit mir Gott, der mich, den Frühling in die Welt geschickt hat, ein Lied singen: *(Lied siehe oben S. 31 einüben)*
Wir haben Gott „Danke" gesagt, dass er uns den Frühling schickt.
Gott bringt wieder Farbe, Freude und Leben in unsere Welt.
Wir sehen das grüne Gras und Blumen aufblühen. Vögel und Schmetterlinge fliegen umher.
Auch im kleinen Bach schwimmen Fische. Wir freuen uns darüber.
„Wo alles grau und dunkel war..." haben wir gesungen. Große und Kleine erleben auch dunkle Zeiten im Leben, wo wir traurig sind, Angst haben oder uns alleine fühlen.
Genau da will Gott mir Mut machen, mir Freude schenken: Neues Leben, neuer Glaube, neue Freude entsteht. Und wenn ich erst ganz viel Freude im Herzen habe, kann ich sie weitergeben, an die Eltern, an die Großeltern, an meine Freunde oder die anderen geben sie an mich weiter.
Wie neu erschaffen strahlt dann meine, unsere Welt: „Lasst uns dafür danken."

Gebet

Guter Gott, wir danken dir, dass der Frühling zu uns kommt.
Unsere Welt wird bunt. Alles darf aufblühen. Wir freuen uns darüber.
Wir halten uns an den Händen und beten das **Vaterunser**

Segen	Gott, du bist innen	*meine Hände zeigen in Brusthöhe auf mich*
	und außen	*meine Hände zeigen von mir weg*
	und um mich herum.	*meine nach vorne ausgestreckten Hände ziehen je nach links und rechts einen Halbkreis*
	Gieß' über mir deinen Segen aus.	*meine Finger ahmen über dem Kopf Regentropfen nach*
	Du sollst bei mir wohnen:	*meine Hände liegen überkreuzt auf der Brust*
	Ich bin dein Haus	*meine Hände bilden über dem Kopf ein Dach*

(aus: Christiane Dusza, Bei Gott ist es wie in einem Nest. Leise und laute Gebete.

LeiterIn:
So segne und behüte uns der allmächtige und barmherzige Gott, der Vater, der Sohn und der heilige Geist. Amen

Schluss

Pinsel (M 3) verteilen bzw. den Kindern umhängen.
Essen (warum nicht mal Schnittlauchbrote servieren?!)
Infobörse/Ansagen/Buchtipps
Zeit für Gespräche

4.4. April: Ich wachse jeden Tag ein Stück

Vorüber-legungen

Kinder messen sich stets an den größeren, den älteren Kindern. Werden Kleidungsstücke zu klein, stellen Kinder erstaunt fest: Ich bin schon wieder gewachsen. Die berühmte Frage der Eltern bei Kleinkindern „Wie groß bist du?“ mit dem nachfolgenden „Hände-in-die-Höhe“ zeigt, dass auch von Seiten der Eltern diese Entwicklung manchmal herbeigesehnt wird, – steht doch Wachstum für Leben, für Entfaltung, für Zukunft.
Doch bei allem Wachsen und Sich-Entwickeln ist es wichtig, den aktuellen „Ist-Zustand“ der Entwicklung dankbar vor Gott zu würdigen: „Danke Gott, dass ich so bin, wie ich heute bin!“ So wie es jetzt ist, ist es gut.

Zielgedanke

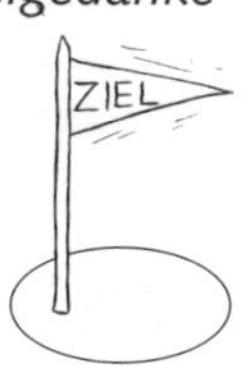

Kleine und Große werden eingeladen, Gott für alles Wachsen und Gedeihen, ja für das Geschenk des Lebens zu danken.

Hinweise Materialien Vorbereitung

In den Maßen 70 x 10 cm werden hölzerne Messlatten für die Kinder vorbereitet. Die Hölzer können in jeder Schreinerei/Baumarkt zugeschnitten werden (evtl. tun es auch Vorlagen aus fester Pappe). Die Papiervorlage (M 4), trägt zudem das Logo des Gottesdienstes, sowie den Refrain des Liedes. Sie wird später von Eltern und Kindern aufgeklebt (genügend Klebestifte bereithalten!).

Lied und Anmerkung

„Ich wachse jeden Tag ein Stück"

„Ich wachse … immer größer":	*Kinder stehen aus der Hocke langsam auf – und stellen sich schließlich auf die Zehenspitzen.*
„Erst war ich so":	*Kinder zeigen in geringer Höhe die Größe eines Kleinkindes an.*
„Jetzt bin ich so":	*Kinder legen die Hand wie zum Messen der aktuellen Größe auf den Kopf.*
„Und bald schon bin ich so groß":	*Kinder springen bei „so groß" mit gestreckten Armen in die Höhe.*

Ablauf

Begrüßung

Wenn Kleine und Große in der Kirche zusammenkommen, dann sagt unser Gott, der Vater, der Sohn und der Heilige Geist: Ich bin da. Ich bin bei dir. Ich bin bei euch allen.
Ja, Gott ist bei uns allen. Und wir feiern einen fröhlichen Gottesdienst.
Wir strecken uns Gott entgegen, danken ihm, dass er uns einen neuen Tag geschenkt hat.
Wir wollen ihn bei uns begrüßen und singen:

Lied

Guten Morgen, lieber Gott (siehe S. 18)

Ich wachse jeden Tag ein Stück

Text: Johannes Matthias Roth — Musik: Johannes Matthias Roth

Aktion

Ihr Kinder dürft stehen bleiben *(die kleineren Kinder bleiben auf dem Schoß der Eltern)*. Bestimmt habt ihr euch schon einmal mit anderen Kindern gemessen: *Einzelne Kinder stellen sich Rücken an Rücken (das größte und kleinste Kind kann dabei ausfindig gemacht werden).* „Bist du aber schon groß!" Habt ihr das auch schon gehört, wenn die Tante zu Besuch kommt? Sie sagt dann oft: „Bist du aber gewachsen, seitdem ich dich das letzte Mal gesehen habe!" Auch die großen Leute vergleichen sich mit anderen Menschen: Doch manchmal macht uns das Vergleichen unzufrieden. Der ist schon viel größer, oder die kann dies oder das schon so gut! Und wir vergessen „Danke" zu sagen dafür, dass ich so bin wie ich heute bin. So groß eben! *(alle Kinder legen die flache Hand wie zum Messen auf den Kopf).* Noch vor einigen Monaten war ich kleiner *(in die Hocke gehen)*. Seitdem bin ich größer geworden und ganz langsam gewachsen *(langsam aus der Hocke aufstehen)* – und heute bin ich schon so groß! So groß bist du und du und du! Dazu singen wir jetzt ein Lied: *(siehe dazu oben S. 36f. Lied mit Anmerkungen)*

Nach dem Lied:
„Ich danke Gott, dass ich bin, wie ich heute bin", haben wir gesungen. Heute sagen wir Gott Danke für unser Leben. Kleine und große Leute wissen: Gott lässt uns wachsen und gedeihen. Doch alles hat seine Zeit: Manchmal brauchen wir Geduld, gerade wenn wir größer sein wollen, oder wenn wir uns nach dem sehnen, was andere haben. So, wie ich heute bin, so sieht und liebt mich Gott.

Gebet

Guter Gott, du bist bei kleinen und großen Menschen,
bei Kindern und Erwachsenen.
Ich danke dir, dass ich so bin, wie ich heute bin.
Du hast alle gleich lieb und gibst auf sie acht.
Lass Große und Starke, vorsichtig und lieb mit den Kleinen und Schwächeren umgehen.
Wir wollen aufeinander aufpassen.
Wir halten uns an den Händen und beten das **Vaterunser**

Austeilen der Hölzer und Aufdrucke (M 4), Kinder und Eltern basteln die Messlatten.

Segen	Gott, du bist innen	*meine Hände zeigen in Brusthöhe auf mich*
	und außen	*meine Hände zeigen von mir weg*
	und um mich herum.	*meine nach vorne ausgestreckten Hände ziehen je nach links und rechts einen Halbkreis*
	Gieß' über mir deinen Segen aus.	*meine Finger ahmen über dem Kopf Regentropfen nach*
	Du sollst bei mir wohnen:	*meine Hände liegen überkreuzt auf der Brust*
	Ich bin dein Haus	*meine Hände bilden über dem Kopf ein Dach*

(aus: Christiane Dusza, Bei Gott ist es wie in einem Nest. Leise und laute Gebete.

LeiterIn:
So segne und behüte uns der allmächtige und barmherzige Gott, der Vater, der Sohn und der heilige Geist. Amen

Schluss

Essen/Infobörse/Ansagen/Buchtipps
Zeit für Gespräche

4.5. Mai: Ich hab dich so sehr lieb (zu Muttertag)

Vorüberlegungen

Viele Familien erleben den Muttertag als gesellschaftlich angeordneten Feiertag als spannungsvoll zwischen der einseitigen und romantischen Idealisierung einerseits und Überfrachtung des Mutterbildes sowie der veränderten familiären Struktur in unserer Gesellschaft andererseits (Erziehungsarbeit und Elternzeit, die auch zunehmend von Männern in Anspruch genommen wird, Situation von Alleinerziehenden usw.).
So ist dieser Tag schon deshalb eine ideale Möglichkeit, vielleicht sogar gemeinsam mit dem Kindergartenteam, einen Krabbelgottesdienst anzubieten. Er stellt eine Möglichkeit dar, dem Anliegen des „Feiertages“ sogar religiös zu entsprechen und ihn auf Gott, der wie ein Vater, wie eine Mutter zu uns Menschen ist, zurückzuführen. Zugleich können sich die Großmütter und andere „mütterliche Menschen“ in den Familien im Gottesdienst wiederfinden – als Mütter der verschiedenen Generationen.
Gott ist zu uns wie eine Mutter (vgl. Jes. 66, 13). Er steckt uns an mit seiner Liebe und gibt uns Kraft, „mütterlich“-fürsorglich füreinander da zu sein in Familie, Gemeinde und Gesellschaft. Insofern steht eine der schönsten symbolischen Aussagen über Gott im Mittelpunkt: Gott ist die Liebe und wer in der Liebe bleibt, der bleibt in Gott und Gott in ihm (1. Joh. 4, 16).

Ich hab dich so sehr lieb

Text: Johannes Matthias Roth | Musik: Johannes Matthias Roth

Zielgedanke

Kleine und Große sprechen ihren Dank für „mütterliche" Nähe und Zuwendung aus und werden sich der „mütterlichen" Liebe Gottes (neu) bewusst.

Hinweise
Materialien
Vorbereitung

Ein großes (mindestens zwei Meter Durchmesser) rotes Herz aus Karton, Stoff o.ä. anfertigen und anfangs abgedeckt in die Mitte legen.
Kleine rote Herzen aus Pappe ausschneiden, ein Loch einstanzen und einen Wollfaden zum Umhängen anbringen. Die kleinen Herzen (M 5) werden während der Aktionsphase auf dem großen Herzen verteilt; am Ende der Aktionsphase nehmen sich die Kinder je ein kleines Herz und geben es den Müttern und Großmüttern oder anderen Angehörigen.

Lied und
Anmerkung

„Ich hab dich so sehr lieb"

„Ich hab dich so sehr lieb, … Lied":	*Kinder singen und klatschen*
„will dir …":	*auf Mutter zeigen*
„von Herzen DANKE sagen, … so liebst":	*beide Hände liegen übereinander auf dem Herzen.*

Ablauf

Begrüßung

Wenn Kleine und Große in der Kirche zusammenkommen, dann sagt unser Gott, der Vater, der Sohn und der Heilige Geist: Ich bin da. Ich bin bei dir. Ich bin bei euch. Ja, Gott ist bei uns allen. Und wir feiern einen fröhlichen Gottesdienst.
Wir strecken uns Gott entgegen, danken ihm, dass er uns einen neuen Tag geschenkt hat und wollen ihn bei uns begrüßen und singen:

Lied

Guten Morgen, lieber Gott (siehe S. 18)

Aktion

Liebe kleine und liebe großen Leute, besonders liebe Mütter und Großmütter und alle mütterlichen Menschen, heute feiern wir Muttertag.
Wir wollen unseren Müttern von ganzem Herzen DANKE sagen. Wir wollen der Mutter DANKE sagen für ... *(Kinder dürfen aufzählen, wofür sie danken möchten)*.
Eure Mütter haben Euch Kinder ganz arg lieb, und ihr Kinder habt Eure Mütter ganz arg lieb! „Mein Herz schlägt für Dich!", sagen wir dann. Legen wir mal unsere Hand aufs Herz und spüren und hören mal, wie laut es schlägt: *(Hand aufs Herz)*. Nun sagen wir: Mein Herz schlägt für dich und zeigen auf unsere Mutter! ...
Auch Gott hat ein Herz, sogar ein ganz großes Herz! *(Herz in der Mitte aufdecken)* Gott ist zu uns wie eine Mutter, wie ein Vater. Er hat uns alle sooo lieb. Er hat uns so lieb, dass er sogar seinen Sohn Jesus zu uns Menschen gesandt hat: Dieser hat uns viele Geschichten von Gott erzählt: Dass Gottes Herz ganz fest für uns schlägt *(Hände aufs Herz legen)*, dass er uns vergibt und immer bei uns ist. Er ist immer für uns da. Gott möchte, dass auch wir immer füreinander da sind, dass unsere kleinen Herzen füreinander schlagen. *(Kleine Papierherzen werden nun auf das große Herz gelegt)*.
Gott ist die Liebe, sie steckt uns an und stärkt uns, gibt uns Freude am Leben.
Kleine und Große werden von dieser Liebe Gottes angesteckt. *(Jedes Kind darf sich nun ein Herz nehmen und zunächst sich selbst umhängen)*
Nun wollen wir der Mutter ein schönes Lied singen *(siehe dazu oben* *S. 41 f.**: Lied mit Anmerkungen)*
Und weil unser Herz heute ganz arg für unsere Mutter schlägt, wollen wir das rote Herz unserer Mutter schenken. *(Lied kann hier nochmals wiederholt werden.)*

Gebet

Guter Gott, wir danken dir, dass wir eine Mutter, einen Vater, Eltern haben, die für uns da sind. Wir danken dir, dass du, guter Gott, ein großes Herz für uns hast. Dein Herz schlägt für uns. Du hast uns lieb und gibst uns Kraft füreinander.
Wir halten uns an den Händen und beten das **Vaterunser**

Segen

Gott, du bist innen	*meine Hände zeigen in Brusthöhe auf mich*
und außen	*meine Hände zeigen von mir weg*
und um mich herum.	*meine nach vorne ausgestreckten Hände ziehen je nach links und rechts einen Halbkreis*

Gieß' über mir deinen Segen aus.	*meine Finger ahmen über dem Kopf Regentropfen nach*
Du sollst bei mir wohnen:	*meine Hände liegen überkreuzt auf der Brust*
Ich bin dein Haus	*meine Hände bilden über dem Kopf ein Dach*

(aus: Christiane Dusza, Bei Gott ist es wie in einem Nest. Leise und laute Gebete. © Agentur des Rauhen Hauses Hamburg 2001)

LeiterIn:
So segne und behüte uns der allmächtige und barmherzige Gott, der Vater, der Sohn und der heilige Geist. Amen

Schluss *Essen/Infobörse/Ansagen/Buchtipps*
Zeit für Gespräche

4.6. Juni: Schau dir meine Hand mal an

Vorüberlegungen

Kinder ertasten, be-greifen von Anfang an ihre Welt. Fein- und Grobmotorik der Hände prägen sich mehr und mehr aus. So spielen die Hände auf der Entdeckungsreise ins Leben eine Schlüsselrolle. Oft machen sich Große und Kleine der genialen und vielfältigen Funktion der Hände nicht bewusst.
Die biblischen Erzählungen selbst sprechen in vielfältiger Form und symbolischer Redeweise von Gottes Hand, von Gottes Händen. Gott formt, schafft, schützt, segnet, führt (vgl. z. B. die Schöpfungserzählungen und -psalmen, wie auch die Führungsgeschichten des Volkes Israel). Jesus, der Mensch gewordene Gott, gebraucht seine Hände im Dienst an den Menschen: er berührt, heilt, segnet, herzt, umarmt, betet.
In der Einleitungsphase, aber auch beim abschließenden Mitmachsegen, sollen die Gottesdienstbesucher mit ihren je unterschiedlichen Wahrnehmungen im Lied auf eine kleine Reise der Finger- und Handspiele mitgenommen werden.

Zielgedanke

Kleine und Große sollen sich der Schlüsselrolle der eigenen Hände im Begreifen der Welt bewusst werden und Gott dem Schöpfer dafür danken.

Hinweise Materialien Vorbereitung

M 6 (gelocht mit Umhängefaden) mit dem Schriftzug „Schau dir meine Hand mal an, was die alles machen kann" wird vorbereitet. Die Kinder legen während der Aktionsphase ihre Hände auf dieses „Motto", die Eltern ziehen mit Stiften die Umrisse der Kinderhand darum. Fertig!

Lied und Anmerkung

„Schau dir meine Hand mal an"

Beim Refrain werden beide Hände wie zwei Spielpuppen vor dem Körper hin- und herbewegt. Bei den Versen entsprechende Abläufe und Bilder nachahmen.

Ablauf

Begrüßung

Wenn Kleine und Große in der Kirche zusammenkommen, dann sagt unser Gott, der Vater, der Sohn und der Heilige Geist: Ich bin da. Ich bin bei dir. Ich bin bei euch. Ja, Gott ist bei uns allen. Und wir feiern einen fröhlichen Gottesdienst.
Wir strecken uns Gott entgegen, danken ihm, dass er uns einen neuen Tag geschenkt hat und wollen ihn bei uns begrüßen und singen:

Lied

Guten Morgen, lieber Gott (siehe S. 18)
oder: Er hält die ganze Welt (Kindergesangbuch, Nr. 143)

Aktion

Schon oft haben wir die Hände heute gebraucht: Wir haben sie gerade nach oben, Gott entgegengestreckt *(Hände hochhalten und die Finger bewegen!)* – beim Anziehen, beim Essen, beim Kämmen und Zähneputzen, beim Türe öffnen – *(Bewegungen können mit den Händen angedeutet werden)*. Wir danken Gott, dass wir Hände haben.
Wenn wir jetzt zusammen ein Lied singen, werdet ihr entdecken, was unsere Hände noch alles machen können. *(Siehe dazu oben S. 47: Lied mit Anmerkungen)*

Schau dir meine Hand mal an

Text: Johannes Matthias Roth

Musik: Johannes Matthias Roth

Mit einer Kinderbibel in der Hand folgen nun vertiefende Gedanken:
In der Bibel erfahren wir, dass auch Gott seine Hände für so vieles braucht: Gott erschafft die Welt, er formt sie mit seinen Händen. Er nimmt Menschen, ja ein ganzes Volk an der Hand und führt sie auf ihrem Weg. Gott hält seine Hände als Schutz über Menschen, damit ihnen nichts passieren kann. Ist jemand hingefallen, so hilft Gott ihm wieder auf die Beine. Er führt Menschen an der Hand – auch durch traurige Zeiten. So hat er uns Hände gegeben, die sich von morgens bis abends für uns, aber auch für andere, bewegen.
Damit wir uns immer daran erinnern, wie viel unsere Hände tun können, zeichnen wir unsere Hand auf ein Papier *(M 6 und Stifte austeilen; die Kinder legen ihre Hand auf die vorbereitete Schreibvorlage, die noch keine Handumrisse enthält).*

Gebet

Guter Gott, wir danken dir für unsere Hände.
Soviel können wir mit unseren Händen tun.
Du hast unsere Hände großartig geschaffen.
Lass uns mit den Händen Gutes tun und anderen helfen.
Wir halten uns an den Händen und beten das **Vaterunser**

Gott will dich und mich segnen. Er will seine Hände schützend über uns halten.
So sprechen wir die Segensworte:

Segen

Gott, du bist innen	*meine Hände zeigen in Brusthöhe auf mich*
und außen	*meine Hände zeigen von mir weg*
und um mich herum.	*meine nach vorne ausgestreckten Hände ziehen je nach links und rechts einen Halbkreis*
Gieß' über mir deinen Segen aus.	*meine Finger ahmen über dem Kopf Regentropfen nach*
Du sollst bei mir wohnen:	*meine Hände liegen überkreuzt auf der Brust*
Ich bin dein Haus	*meine Hände bilden über dem Kopf ein Dach*

(aus: Christiane Dusza, Bei Gott ist es wie in einem Nest. Leise und laute Gebete.

LeiterIn:
So segne und behüte uns der allmächtige und barmherzige Gott, der Vater, der Sohn und der heilige Geist. Amen

Schluss *Infobörse/Ansagen/Buchtipps*
Essen und Zeit für Gespräche

4.7. Juli: Ein großes Familien-Picknick-Fest im Grünen

Vorüberlegungen

Es sind die Gottesdienste unter freiem Himmel, die in besonderer Weise unser christliches Leben als „wanderndes Gottesvolk" verdeutlichen. Außerhalb der gewohnten Kirchen- oder Gemeinderäume Gott in der Schöpfung erleben, gemeinsam singen, beten und feiern hinterlässt bei Kleinen und Großen wertvolle und unvergessliche Eindrücke. Zudem stellt das anschließende Picknick mit anderen Familien als Gemeinschaftserlebnis einen wichtigen Impuls für das gemeindliche Leben dar und lässt alle das theologisch grundlegende Exodus-Erlebnis des Volkes Israel (2. Mose 5, 1 ff.) spielerisch nacherleben.

Zielgedanke

Kleine und Große erleben das Motiv des Auszuges des Volkes Israel aus Ägypten spielerisch nach. Sie können so nachspüren, wie Gott uns auf dem Weg ins Leben, in die Freiheit begleitet und uns zum Feiern mit ihm einlädt. Alle sind eingeladen, Gott dafür zu danken.

Hinweise
Materialien
Vorbereitung

Ein Klapptisch als Altar, Kreuz, bunte Tücher, Windlichter, Blumen, Picknick-Verpflegung für den Gottesdienst im Grünen sind bereits auf einer Wiese, vielleicht an einem markanten Ort, vorbereitet. Hier ist auch der Treffpunkt für alle Gottesdienstteilnehmer. Nach dem Rundgang, der Phantasiereise, kehren alle dorthin zurück, bauen einen Altar und feiern Gottesdienst. Eine mobile Verstärkeranlage ist dabei eine große Hilfe. Die Schlechtwetter-Alternative könnte so aussehen, dass man einen Großteil des Weges in der Kirche oder im Gemeindehaus plant.
Rucksack (M 7) vorbereiten.

Wir ziehen hinaus in weites Land

Text: Johannes Matthias Roth | Musik: Johannes Matthias Roth

1. Wir ziehn hin - aus in wei - tes Land und Gott geht uns vor - an. Wir
2. Auf Ber - gen und im tie - fen Tal, in Not und in Ge - fahr, ver -
3. Wir lo - ben und wir prei - sen dich und stim - men Lie - der an. Ge -

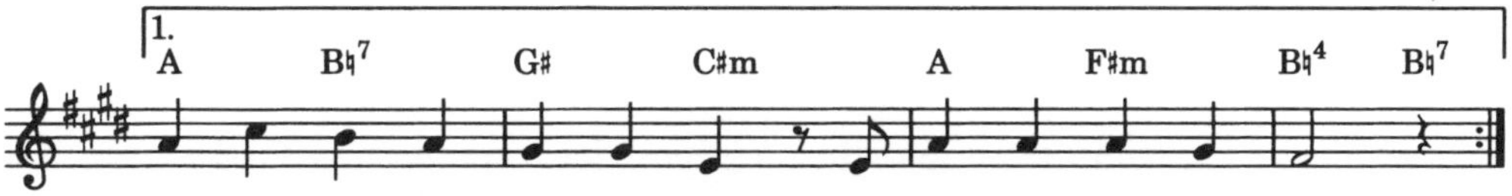

1. ge - hen si - cher Hand in Hand, bald kom - men wir schon an.
2. trau - en wir auf sei - ne Macht: Er ist ja im - mer da.
3. mein - sam ru - fen wir dir zu: Geh du uns selbst vor - an.

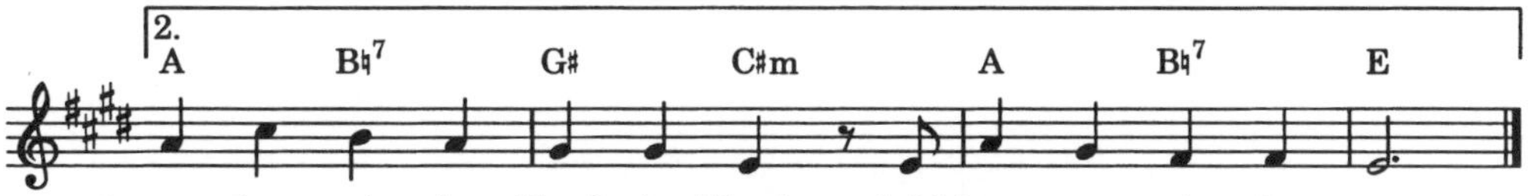

1. ge - hen si - cher Hand in Hand, bald kom - men wir schon an.
2. trau - en wir auf sei - ne Macht: Er ist ja im - mer da.
3. mein - sam ru - fen wir dir zu: Geh du uns selbst vor - an.

Lied und Anmerkung

Wir ziehen hinaus in weites Land

(Das Lied sollte anfangs geübt werden und wird während des Laufens nach den einzelnen Aktionen nochmals gesungen.)

Ablauf

Begrüßung

Wenn Kleine und Große zusammenkommen, dann sagt unser Gott, der Vater, der Sohn und der Heilige Geist: Ich bin da. Ich bin bei dir. Ich bin bei euch. Ja, Gott ist bei uns allen. Und wir feiern einen fröhlichen Gottesdienst.
Wir strecken uns Gott entgegen und danken ihm, dass er uns unter seinem weiten Himmel einen neuen Tag geschenkt hat. Wir wollen ihn bei uns begrüßen und singen:

Lied

Guten Morgen lieber Gott (siehe S. 18)

Phantasiereise

(die hier vorgestellte Phantasiereise kann entsprechend den örtlichen Gegebenheiten auch abgeändert oder erweitert werden)
Liebe kleine und großen Leute,
unter dem großen, weiten Himmel Gottes wollen wir heute Gottesdienst feiern. Wir sehen, hören, riechen und spüren die Natur, die Gott gemacht hat. Ich will euch eine Geschichte erzählen, wo Kleine und Große hinaus unter Gottes weiten Himmel ziehen wollten um einen Gottesdienst zu feiern. *(evtl. Wanderstock in die Hand nehmen, Umhang umlegen)*
Auch vor vielen, vielen Jahren kamen Kleine und Große zusammen, die zum Volk Israel gehörten. Sie wohnten alle in Ägypten und mussten viel arbeiten und wurden sehr unterdrückt. Da schickte Gott einen Mann namens Mose um die Menschen zu befreien. Nun sagten sie: Wir wollen hinausgehen aus der großen Stadt und einen Gottesdienst feiern: Wir wollen singen, Gott loben, klatschen und tanzen. Es hatte lange gedauert, bis sie losziehen durften. Immer wieder hatten es die Ägypter verboten.

Doch dann ging es los: *(alle stehen auf und laufen los)* Kleine und Große, junge und alte Menschen machten sich auf den Weg *(Lied singen)* – und schon ging der Weg bergauf. Steil nach oben führte der Weg und alle mussten sehr schwitzen *(alle stöhnen)*.
Dann ging es wieder bergab *(alle rennen)* – ein Fluss! Wir nehmen Anlauf und springen schnell hinüber! Schaffen wir das? *(alle machen einen großen Sprung)* Geschafft! Doch was ist das? Sumpfiger, lehmiger Boden! Hoffentlich bleiben wir hier nicht stecken! Ganz vorsichtig nur dürfen wir hier gehen! *(alle machen behutsame Schritte)* Gott sei Dank, hier beginnt wieder ein guter Weg! *(Lied singen und weitergehen)*
Seht ihr das?! Das muss ein Sandsturm sein! Schnell! Wir müssen uns ganz eng zusammensetzen – *(alle ahmen den Sandsturm durch lautes Blasen nach!)* Endlich sind wir da: Schaut, hier bauen wir einen Altar *(Kinder helfen mit den Altar zu bauen)*
Hier wollen wir nochmals unser Lied singen.
Liebe Kleine und Große, so wie das Volk Israel, so sind auch wir auf dem Weg. Mal gehen wir langsam, mal geht alles ganz schnell und hektisch, wie morgens auf dem Weg zum Kindergarten oder in die Schule. Während der vergangenen Woche waren wir zuhause, im Kindergarten, in der Schule oder bei der Arbeit. Hatten wir viel Freude und schöne Erlebnisse, oder auch Ärger und Streit?
Am Sonntag lädt uns Gott ein hinauszugehen. Wir machen uns auf den Weg und feiern einen Gottesdienst mit anderen Familien zusammen: Das gibt uns Mut und Freude. Jeder Sonntag ist wie ein Weg zu Gott. Kleine und große Menschen, ja eine ganze Gemeinde macht sich auf den Weg. Wir haben Zeit zum Singen, zum Beten. Wir haben Zeit miteinander zu feiern. Es ist schön, dass du und du *(auf die Kinder zeigen)* da bist und mitgehst.
Der festlich geschmückte Tisch erinnert uns, dass Gott mit uns feiert. Die Blumen sagen uns, dass wir uns freuen. Das Kerzenlicht ist wie das ewige Osterlicht und erinnert uns: Jesus ist auferstanden und geht mit uns – an jedem Tag.
Wir danken Gott durch seinen Sohn Jesus Christus.

Gebet

Guter Gott, einen weiten Weg haben wir hinter uns.
Du lädst uns ein hier draußen zu feiern, zu singen, zu beten, zu essen.
Segne uns alle, wenn wir heute gemeinsam feiern. Amen

Wir halten uns an den Händen und beten das **Vaterunser**

Segen

Gott, du bist innen	*meine Hände zeigen in Brusthöhe auf mich*
und außen	*meine Hände zeigen von mir weg*
und um mich herum.	*meine nach vorne ausgestreckten Hände ziehen je nach links und rechts einen Halbkreis*
Gieß' über mir deinen Segen aus.	*meine Finger ahmen über dem Kopf Regentropfen nach*
Du sollst bei mir wohnen:	*meine Hände liegen überkreuzt auf der Brust*
Ich bin dein Haus	*meine Hände bilden über dem Kopf ein Dach*

(aus: Christiane Dusza, Bei Gott ist es wie in einem Nest. Leise und laute Gebete.

LeiterIn:
So segne und behüte uns bei allem Feiern und Weitergehen der allmächtige und barmherzige Gott, der Vater, der Sohn und der heilige Geist. Amen

Schluss

Rucksack (M 7) verteilen bzw. den Kindern umhängen.
Infobörse/Ansagen/Buchtipps
Großes Familien-Picknick mit viel Zeit für Gespräche

4.8. Oktober: Mit dem Igel durch den Herbstwald

Vorüberlegungen

Nach oft turbulenten Sommermonaten mit unzähligen Festen, verplanten Wochenenden und der Urlaubsreise, beginnt mit der langsam einsetzenden Herbstzeit eine „Kehrtwende": Die Tage werden kürzer, die Natur zeigt ihre Farbenpracht noch mal auf eine ganz andere Weise, bevor sie die Vergänglichkeit des Lebens auf ihre Weise verdeutlicht.
Gedanken aus dem Buch Prediger 3, 1 ff. mit dem Thema „Alles hat seine Zeit" stehen daher bei unserem Gottesdienst im Hintergrund der Aussageintention.

Zielgedanke

Kleine und Große sollen die herbstliche „Kehrtwende nach innen" als beginnende Ruhephase der Natur miterleben. Sie sollen erkennen: Menschen und Tiere brauchen eine „Auszeit", um Kraft für ein neues „Aufblühen" zu schöpfen.

Hinweise
Materialien
Vorbereitung

Um den Herbstwald buchstäblich in die Kirche zu holen, wird in der Mitte des Raumes unter einer Decke ein großer Sack voller Herbstlaub versteckt. Als Igel dient eine kleine Igelhandpuppe. Ebenso kann aber auch ein Stoffigel mit einem Nylonfaden durch das Laub gezogen werden.
M 8, Schere, Stifte, Büroflügelklammern und Plastikaugen (aus dem Bastel-, bzw. Spielwarenladen) werden vorbereitet und Kindern und Eltern in der Aktionsphase gegeben.

Lied und Anmerkung

„Kleiner Igel Willibald raschelt durch den Blätterwald“

Die Kinder können während des Liedes mitten im Laub sitzen und dabei mit den Händen im Laub rascheln; beim letzten Vers können alle leise mitschnarchen.

Ablauf

Begrüßung

Wenn Kleine und Große in der Kirche zusammenkommen, dann sagt unser Gott, der Vater, der Sohn und der Heilige Geist: Ich bin da. Ich bin bei dir. Ich bin bei euch. Ja, Gott ist bei uns allen. Und wir feiern einen fröhlichen Gottesdienst.
Wir strecken uns Gott entgegen, danken ihm, dass er uns einen neuen Tag geschenkt hat und wollen ihn bei uns begrüßen und singen:

Lied

Guten Morgen, lieber Gott (siehe S. 18)

Aktion

Liebe kleinen und großen Leute,
wenn ihr wissen wollt, was unter der Decke ist, müsst ihr zuerst ein Rätsel lösen: Zuhause im Garten oder im Wald wird es vom Wind wild hin- und hergeblasen. Auf der Straße und im Hof tanzt es ebenfalls lustig auf und ab – na, wisst ihr die Lösung schon? – Ja, es sind die Herbstblätter, das Laub der Bäume! (die Laubsäcke aufdecken und ausleeren) Nun haben wir ein kleines Stück Herbst in der Kirche! *(Kinder dürfen im Laub sitzen)*
Die Blätter, die im Frühjahr wuchsen und saftig grün waren, färben sich nun kunterbunt und fallen, wenn der Wind um Büsche und Bäume bläst, zu Boden. Wenn wir nun ganz leise sind, können wir hören, was ein kleiner Waldbewohner sagt: *(der Igel spricht)*
„Das war ein langer Sommer! So vieles habe ich erlebt: das schöne warme Badewetter, die Ausflüge, der Urlaub – und die vielen Igelfeiern und Partys bei Freunden und Verwandten! Es war ein schöner Sommer, aber auch anstrengend! Es ist gut, dass jetzt der Herbst kommt. Da wird alles ruhiger: Wir Igel suchen uns ein schönes Plätzchen zum Winterschlaf, damit wir im Frühling wieder ausgeruht und munter sind. Auch die Menschen sind in der Herbstzeit wieder viel mehr in ihren Häusern. Sie sitzen

Kleiner Igel Willibald

Text: Johannes Matthias Roth | Musik: Johannes Matthias Roth

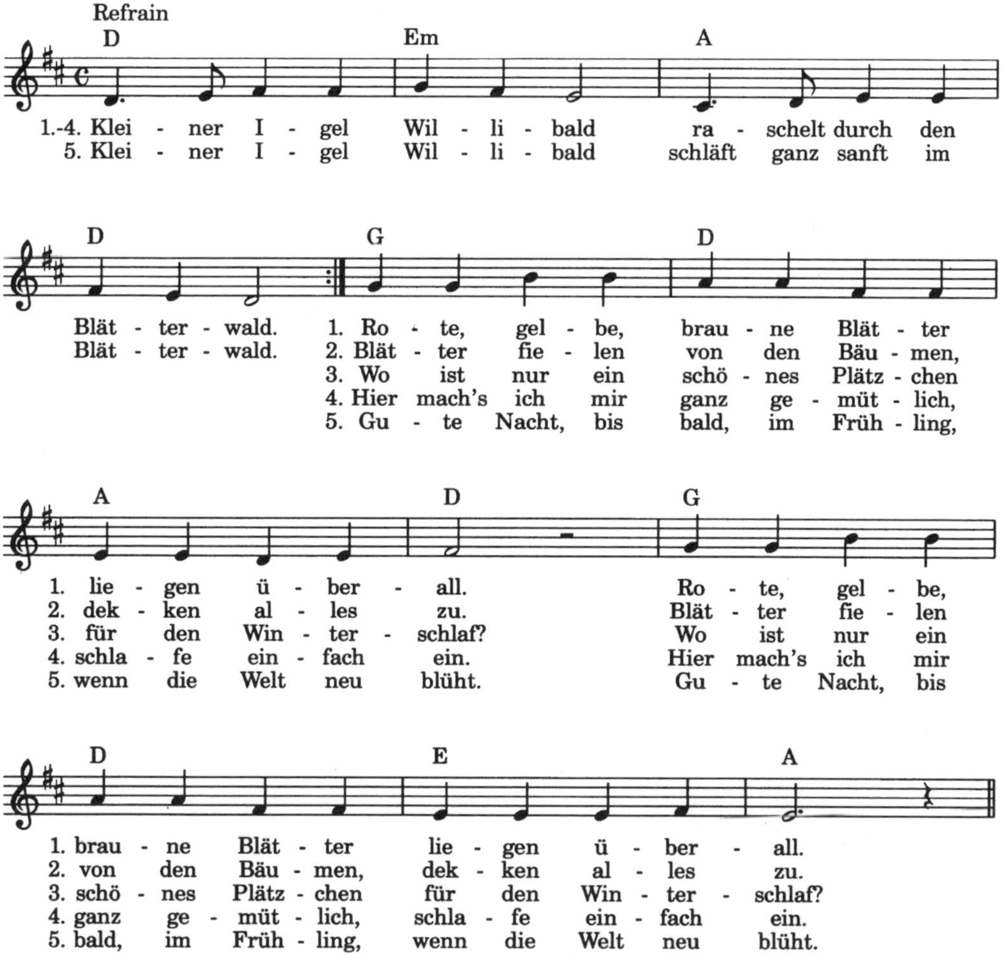

zusammen und spielen, gehen wieder früher ins Bett und haben mehr Zeit zum Ausruhen."

Nun wollen wir mit dem Igel Willibald ein Lied singen.

(Lied siehe oben, S. 57: „Kleiner Igel Willibald raschelt durch den Blätterwald", anschließend wird M 8 ausgeteilt und von Kindern und Eltern fertiggestellt.)

Nun lassen wir unseren Igel einmal durch den Herbstwald laufen – er schnuppert hier und da und sucht sich seinen Schlafplatz für den Winter. Hier – hier ist es doch schön, oder? *(Der letzte Vers wird nochmals gesungen)*

Auch wir Menschen brauchen Zeiten, um uns auszuruhen, die Kinder ebenso wie die Erwachsenen: Im Herbst gehen wir früher ins Bett, schlafen aus, können uns Bilder vom vergangenen Sommer anschauen und die weihnachtlichen Vorboten in den Supermarktregalen erst noch mal links liegen lassen. Im Herbst spüren Kleine und Große auch, dass manches Schöne im Garten, auf der Wiese, im Wald, sich verändert und irgendwann nicht mehr da ist. Und doch bleibt alles in Gottes Hand, der uns mit seinem Segen auch im Herbst begleitet, in der kalten Jahreszeit, die nun beginnt.

Gebet

Guter Gott, es wird Herbst in unserer Welt.
Menschen und Tiere kommen wieder mehr zur Ruhe.
Wir danken dir für die bunten Blätter.
Begleite uns mit deinem Segen, auch wenn Stürme über unser Leben, über unsere Welt kommen können und uns manche Tage nicht gefallen.
Gib uns Kraft und Mut für jeden neuen Tag.
Wir halten uns an den Händen und beten das **Vaterunser**

Segen

Gott, du bist innen	*meine Hände zeigen in Brusthöhe auf mich*
und außen	*meine Hände zeigen von mir weg*
und um mich herum.	*meine nach vorne ausgestreckten Hände ziehen je nach links und rechts einen Halbkreis*
Gieß' über mir deinen Segen aus.	*meine Finger ahmen über dem Kopf Regentropfen nach*
Du sollst bei mir wohnen:	*meine Hände liegen überkreuzt auf der Brust*
Ich bin dein Haus	*meine Hände bilden über dem Kopf ein Dach*

(aus: Christiane Dusza, Bei Gott ist es wie in einem Nest. Leise und laute Gebete.

LeiterIn:
So segne und behüte uns der allmächtige und barmherzige Gott, der Vater, der Sohn und der heilige Geist. Amen

Schluss

Infobörse/Ansagen/Buchtipps
Essen/ Zeit für Gespräche

4.9. November: Hallo du, mein kleiner Stern

Vorüberlegungen

Gott, der Schöpfer, hat die Welt mit ihren unendlichen Ausmaßen so geschaffen, dass alles aufeinander bezogen und abgestimmt ist. Der Anblick des Sternenhimmels lässt Kleine und Große die Weite alles Geschaffenen erahnen. Was für die Kleinen als großes beschützendes Himmelsdach erscheint, wirkt für die Großen wie ein Fenster hinein ins Universum. Vielleicht kommen dabei aber auch Zweifel auf: Ist da wirklich jemand, der an mich denkt?
Dieses musikalische Zwiegespräch mit einem Stern, den Gott für mich geschaffen hat, steht in diesem Gottesdienst stellvertretend für alle diese Emotionen und Fragen.

Zielgedanke

Kleine und Große erfahren: Gott lässt mich auch am Abend, in der Nacht nicht allein. So wie Gott Sterne für uns am Himmel leuchten lässt, so sollen auch wir Menschen einander leuchten, weil wir alle füreinander da sind.

Hallo du, mein kleiner Stern

Text: Johannes Matthias Roth

Musik: Johannes Matthias Roth

Hinweise Materialien Vorbereitung

Um einen Sternenhimmel nachzubilden, kann im Chorraum der Kirche oder im Gemeindesaal ein Partyzelt (mit Überwurfdecke), ein großes Nylonnetz, o.ä. aufgebaut oder gespannt werden, an dessen Decke eine Lichterkette befestigt wird. Die Kinder sitzen auf Decken unter dem Zelt. Als Andenken bekommen die Kinder einen Papierstern mit nach Hause (M 9)

Lied und Anmerkung

„Hallo du, mein kleiner Stern"

Hallo du, mein kleiner Stern:	*Kinder winken ihrem Lieblingsstern zu*
bist mir nah und doch so fern:	*Kinder verschränken beide Arme auf der Brust*
Leuchtest mir in dunkler Nacht:	*Kinder blicken zum Himmel*
hältst bis morgen früh die Wacht.	*und halten Hände wie ein Fernglas vor die Augen*

Ablauf

Begrüßung

(Kinder sitzen noch um das Zelt, um die Überdachung herum)
Wenn Kleine und Große in der Kirche zusammenkommen, dann sagt unser Gott, der Vater, der Sohn und der Heilige Geist: Ich bin da. Ich bin bei dir. Ich bin bei euch. Ja, Gott ist bei uns allen. Und wir können einen fröhlichen Gottesdienst feiern.
Wir strecken uns Gott entgegen *(alle strecken die Hände nach oben)*, danken ihm, dass er uns einen neuen Tag geschenkt hat und wollen ihn bei uns begrüßen und singen :

Lied

Guten Morgen, lieber Gott (siehe S. 18)

Aktion

Liebe kleinen und großen Leute,
vom Morgen bis zum Abend ist Gott bei uns. Er ist bei uns wenn wir krabbeln *(alle Kinder krabbeln am Boden)*, Gott ist bei uns, wenn wir malen und schreiben *(Tätigkeit nachahmen)*, er ist bei uns wenn wir auf

der Stelle springen *(springen)*, er ist bei uns wenn wir im Kreis laufen *(alle laufen im Kreis)* und er ist bei uns wenn wir abends müde im Bett liegen *(beide Hände dienen dem Kopf als Kissen)*. Aber halt! Bevor wir ganz müde einschlafen, schauen wir hoch zum Sternenhimmel – *(Kinder setzen sich nun unter das Zelt bzw. die Überdachung)*.
Viele, viele Sterne hat Gott geschaffen. Sie leuchten uns in der Nacht. Niemand muss sich fürchten. Vielleicht habt ihr ja einen Stern entdeckt, der euch besonders gut gefällt? Habt ihr schon einen Lieblingsstern? Ich lade euch alle ein, ein Lied vom Lieblingsstern zu singen:
(siehe oben, S. 61 f.: Lied mit Anmerkungen)
„Hallo du, mein kleiner Stern" haben wir gesungen. Da ist jemand, der mich anleuchtet, mich anstrahlt. Gott hat die Sterne und den Mond für die Nacht geschaffen und die Sonne für den Tag. Wir danken Gott dafür. Auch wir Menschen sind füreinander da, um uns gegenseitig den Weg zu zeigen. Lichter, Sterne dürfen wir für andere Menschen sein: Wenn sich Kinder über etwas freuen, kommt auch Freude ins Leben der Erwachsenen, die vielleicht gerade viel Stress haben. Und manchmal sind es Erwachsene, die mir weiterhelfen, wenn ich Angst habe, weil es dunkel wird, und ich nicht weiter weiß. Wenn mir jemand ein liebes Wort sagt, ist das wie ein heller Stern, der aufleuchtet. Gott will, dass auch wir füreinander da sind und uns aneinander freuen.

Gebet

Guter Gott, wir freuen uns über den Sternenhimmel.
Auch am Abend, in der Nacht sind wir behütet.
Du denkst an jedes Kind, an jeden Menschen auf dieser Welt.
Wir sind niemals alleine.
Du willst, dass wir füreinander da sind.
Gib uns allen die Kraft und die Freude dazu. Amen
Wir halten uns an den Händen und beten das **Vaterunser**

Segen

(Kinder stehen nun wieder außerhalb des Zeltes)

Gott, du bist innen	*meine Hände zeigen in Brusthöhe auf mich*
und außen	*meine Hände zeigen von mir weg*
und um mich herum.	*meine nach vorne ausgestreckten Hände ziehen je nach links und rechts einen Halbkreis*
Gieß' über mir deinen Segen aus.	*meine Finger ahmen über dem Kopf Regentropfen nach*
Du sollst bei mir wohnen:	*meine Hände liegen überkreuzt auf der Brust*

Ich bin dein Haus *meine Hände bilden über dem Kopf ein Dach*

(aus: Christiane Dusza, Bei Gott ist es wie in einem Nest. Leise und laute Gebete.

LeiterIn:
So segne und behüte uns der allmächtige und barmherzige Gott, der Vater, der Sohn und der heilige Geist. Amen
(Die Kinder gehen zu ihren Eltern und bekommen M 9 mit nach Hause, wobei sie gegebenenfalls einen Leuchtstern, den sie sich aussuchen in die Mitte des Papiersternes kleben dürfen.)

Schluss *Stern (M 9) verteilen, bzw. den Kindern umhängen.*
Infobörse/Ansagen/Buchtipps
Essen und Zeit für Gespräche

4.10. Dezember: Mit allen Sinnen heut entdecken

Vorüberlegungen

Die Advents- und Vorweihnachtszeit ist wohl die Jahreszeit, die mit ihrer Symbolmenge und -kraft an Traditionen, Riten, Gebräuchen und Legendenbildungen unübertroffen ist. Alle Sinne (sehen, hören, riechen, schmecken, tasten) kommen nun voll auf ihre Kosten.
Der prophetische Aufruf „Bereitet dem Herrn den Weg, dass der König der Ehren einziehe" (Jes. 40, 3) mag hier auf die ganzheitliche, sinnenhafte und bewusste Vorbereitung des Weihnachtsfestes hin verstanden werden. Alle äußeren „Wegzeichen" haben in dieser Vorbereitungszeit lediglich hinweisenden Charakter: Sie weisen auf die Geburt des Gottessohnes Jesus in Bethlehem hin.

Zielgedanke

Kleine und Große sollen sich aller sinnenhaften „Wegzeichen" in der Vorbereitungszeit des Weihnachtsfestes bewusst werden und so auf das „Fest der Freude", auf die Geburt Jesu Christi zugehen.

Hinweise Materialien Vorbereitung

Diese Thematik sollte am ersten oder zweiten Adventssonntag aufgenommen werden. Glöckchen, Backblech, Plätzchenformen, Lebkuchendose, Gefäß mit adventlicher Gewürzmischung, Tannenzweige vorbereiten, die zu den einzelnen Liedversen in der Mitte präsentiert werden. Zusätzliche Gefäße mit den jeweiligen Gegenständen ebenfalls bereithalten.
M 10 vorbereiten, Name des Kindes ergänzen und Faden befestigen.

Lied und Anmerkung

„Mit allen Sinnen heut entdecken"

Jeweils nach „Hören" *und* „Tasten" *usw. diese Sinneswahrnehmung in zwei Taktschlägen nachahmen:*

„Hören":	*beide Hände an die Ohren halten.*
„Tasten":	*beide Hände ahmen ein Tasten nach.*
„Riechen":	*besonders laut schnuppern.*
„Schmecken":	*besonders laut schmatzen.*
„Der Advent ..."	*bis zum Ende: alle klatschen*

Ablauf

Begrüßung

Wenn Kleine und Große in der Kirche zusammenkommen, dann sagt unser Gott, der Vater, der Sohn und der Heilige Geist: Ich bin da. Ich bin bei dir. Ich bin bei euch. Ja, Gott ist bei uns allen. Und wir können einen fröhlichen Gottesdienst feiern.
Wir strecken uns Gott entgegen und danken ihm, dass er uns einen neuen Tag geschenkt hat. Wir wollen ihn bei uns begrüßen und singen:

Lied

Guten Morgen, lieber Gott (siehe S. 18)
oder: Wir sagen euch an, den lieben Advent (Kindergesangbuch, Nr. 29)

Aktion

Hören:
(An einige Kinder werden kleine Glocken verteilt, sie dürfen läuten)
Hört ihr das? – Ganz leise klingen die Glocken in der Adventszeit. Sie wollen uns auf etwas hinweisen:

Mit allen Sinnen heut entdecken

Text: Johannes Matthias Roth

Musik: Johannes Matthias Roth

Jetzt dauert es nicht mehr lange! Freut euch! Das Fest der Freude ist bald da! Bald ist Weihnachten! *(Kinder läuten nochmals und legen die Glöckchen in die Mitte auf ein weißes Tuch)*

Lied Wir singen dazu das Lied „Hören, tasten" und ihr lasst dazu die Glocken klingen.

Tasten:
(Wieder andere Kinder dürfen mit verbundenen Augen in eine Tasche greifen, in der sich Tannenzweige befinden. Sie sollen zunächst nicht laut sagen, was sie dort vermuten.) Wisst ihr, was in der Tasche ist? – Sicher habt ihr gespürt, was ich dort versteckt habe! Die Tannenzweige, mit denen wir unser Haus, die Tische, die Eingangstüre schmücken, aus denen ein Adventskranz gebunden wurde: Sie wollen uns auf etwas hinweisen: *(alle)* Jetzt dauert es nicht mehr lange! Freut euch! Das Fest der Freude ist bald da! Bald ist Weihnachten!
(Kinder legen diese Zweige in die Mitte, weitere Zweige werden durch die Reihe gereicht und schließlich in die Mitte gelegt)

Lied Wir singen dazu unser Lied

Riechen:
(wieder andere Kinder riechen mit verbundenen Augen in ein Gefäß mit Adventstee; weitere Schälchen mit Tee werden durch die Reihe gereicht) Was verrät euch eure Nase? Was ist in dem Gefäß? – Auch der gute Adventstee, den wir Zuhause, auf dem Weihnachtsmarkt oder nachher hier trinken, will uns auf etwas hinweisen: *(alle)* Jetzt dauert es nicht mehr lange! Freut euch! Das Fest der Freude ist bald da! Bald ist Weihnachten!
(Ein Kind stellt das Gefäß in die Mitte; auch die anderen Gefäße werden in die Mitte gestellt).

Lied Wir singen unser Lied: Hören, tasten

Schmecken:
(wieder andere Kinder bekommen mit verbundenen Augen ein kleines Stück Lebkuchen in den Mund) Sicher habt ihr geschmeckt, was ich euch gegeben habe?! Lebkuchen und Plätzchen. Kleine und Große backen in der Adventszeit gemeinsam in der Küche, mit Schürze, Plätzchenformen, Backblech usw. *(Gegenstände zeigen)* und das macht richtig Spaß! Wir backen für das Fest der Freude und dürfen schon vor Weihnachten davon probieren.

Auch das gute Gebäck will uns auf etwas hinweisen: *(alle)* Jetzt dauert es nicht mehr lange! Freut euch! Das Fest der Freude ist bald da! Bald ist Weihnachten *(Lebkuchendose in die Mitte stellen; kleine Lebkuchenstücke werden durch die Reihen gereicht).*
Nun wollen wir Gott danken, dass wir in der Adventszeit so vieles hören, tasten, riechen, schmecken, ja sehen und entdecken können *(die Sinneswahrnehmung hier jeweils nochmals wiederholen).*
Bald ist Weihnachten: Dann sehen wir den Weihnachtsbaum, Sterne und das Jesuskind in der Krippe von Bethlehem. Gott kommt als kleines Kind zu uns, zu Kleinen und Großen. Darauf freuen wir uns.

Gebet

Guter Gott, bald ist Weihnachten. Mit unseren Augen, unseren Ohren, unseren Händen, unserer Nase und unserem Mund freuen wir uns darauf: Mit allen Sinnen bereiten wir uns auf Weihnachten vor und sehen bald das Kind in der Krippe. Du kommst zu uns Menschen. Wir wollen dich herzlich empfangen.
Wir halten uns an den Händen und beten das **Vaterunser**

Segen

Gott, du bist innen	*meine Hände zeigen in Brusthöhe auf mich*
und außen	*meine Hände zeigen von mir weg*
und um mich herum.	*meine nach vorne ausgestreckten Hände ziehen je nach links und rechts einen Halbkreis*
Gieß' über mir deinen Segen aus.	*meine Finger ahmen über dem Kopf Regentropfen nach*
Du sollst bei mir wohnen:	*meine Hände liegen überkreuzt auf der Brust*
Ich bin dein Haus	*meine Hände bilden über dem Kopf ein Dach*

(aus: Christiane Dusza, Bei Gott ist es wie in einem Nest. Leise und laute Gebete.

LeiterIn:
So segne und behüte uns der allmächtige und barmherzige Gott, der Vater, der Sohn und der heilige Geist. Amen

Schluss

Kind (M 10) austeilen, bzw. den Kindern umhängen.
Lebkuchen/Plätzchen/Adventstee
Infos zu den Weihnachtsgottesdiensten/Ansagen/Buchtipps
Zeit für Gespräche

Literaturverzeichnis

Folgende Bücher gaben vielfältige Impulse zum Thema, wurden z.T. zitiert oder dienen der vertiefenden Lektüre zur religionspädagogischen Arbeit mit Kindern und Familien:

Biesinger, Albert: Kinder nicht um Gott betrügen – Anstiftungen für Mütter und Väter. Freiburg 2000.

Blohm, Johannes: Abendmahl mit Kindern, München 1998.

Elschenbroich, Donata: Weltwissen der Siebenjährigen in: „Kinder" Februar 2002, Zeitschrift für Eltern, Erzieher und Kinder im Junior-Verlag, Hamburg.

Engelsberger, Eugen: Wenn ihr nicht werdet wie die Kinder, in: Pastoralblätter, Januar 2002.

Das Kindergesangbuch, hrsg. von Andreas Ebert u.a., München 5. Aufl. 2002.

Früchtel, Ursula: Mit der Bibel Symbole entdecken. Göttingen 1991.

Grün, Anselm: Jeder Mensch hat einen Engel, Freiburg 1999.

Kett, Franz: Festschrift zum 65. Geburtstag, RPV-Verlag, Landshut.

Riess, Richard/Fiedler, Kirsten: Die verletzlichen Jahre, Gütersloh 1993.

Städtler-Mach, Barbara: Seelsorge mit Kindern – Erfahrungen im Krankenhaus, Göttingen 1998.

Steffensky, Fulbert: Das Haus, das die Träume verwaltet, Würzburg 1998.

Stubbe, Ellen: Die Wirklichkeit der Engel in Literatur, Kunst und Religion, Münster 1995.

Die CD „Sterne, Blumen und Kinder" (alle Texte und Lieder von Johannes Matthias Roth) enthält u.a. die Lieder: „Guten Morgen, lieber Gott" und „Hallo du, mein kleiner Stern".

Materialteil

M 1 Januar: Wir tanzen in ein neues Jahr

Skizze zum Tanz

Tanzrichtung im großen Kreis:
gegen den Uhrzeigersinn

Fußspur

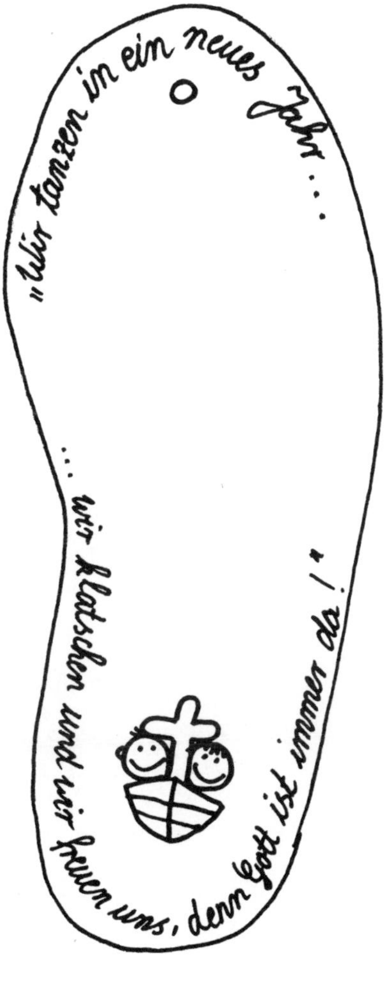

Krone

Die Krone kann mit kleinen Abziehbildern beklebt oder auch mit Stiften bemalt werden. Durch Erweiterung und Vergrößerung sollte die Krone ca. 60 cm lang sein, dann passgenau messen und mit Klammergerät befestigen.

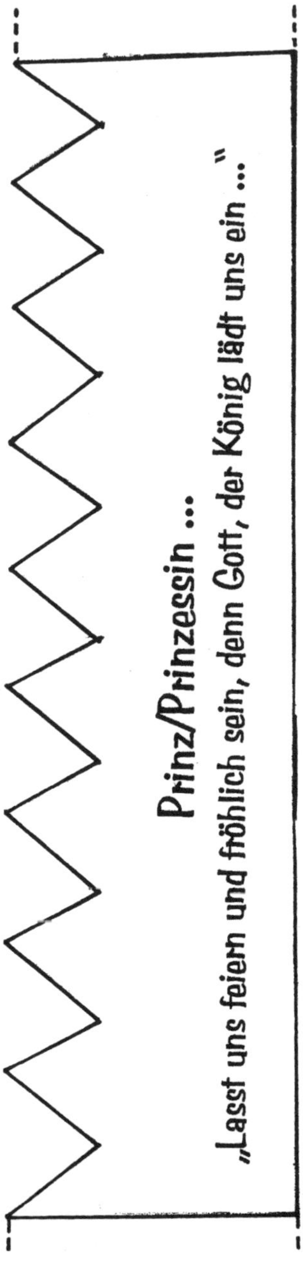

Pinsel

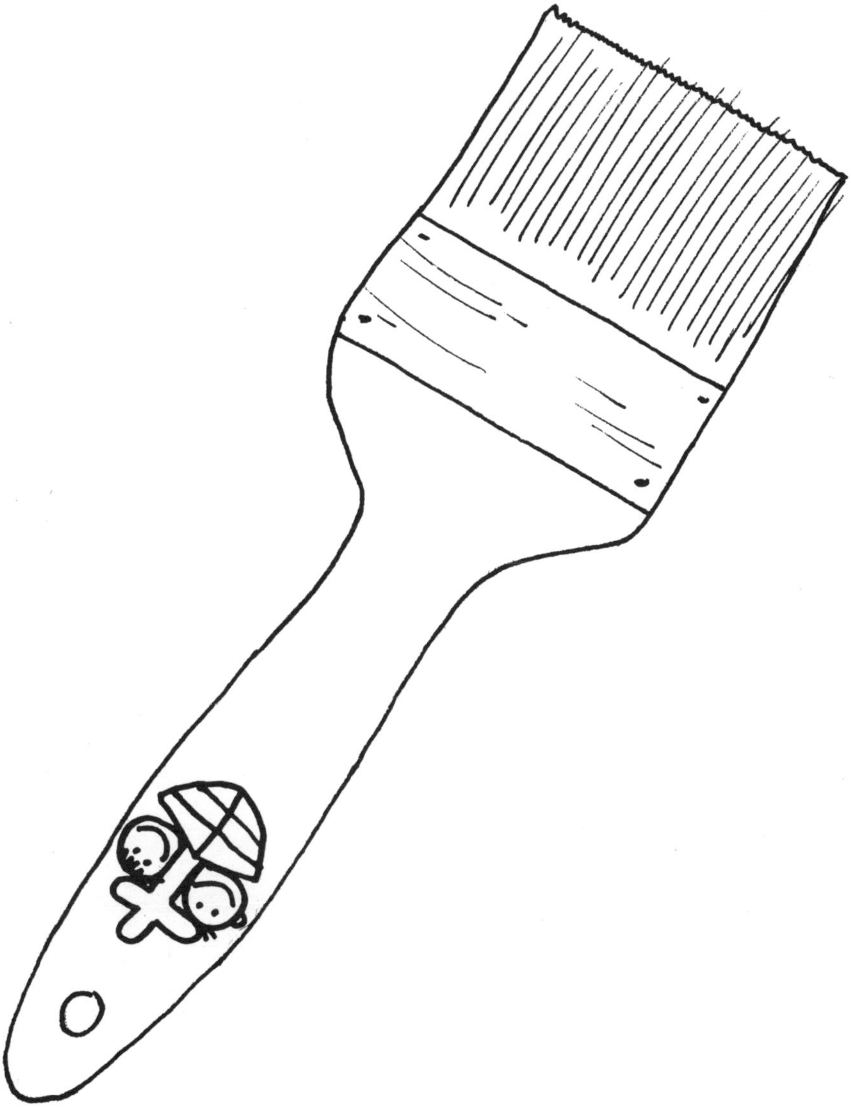

M 4 April: Schau mal, wie groß ich bin!

Messlatte

Auf das gewünschte Format vergrößern. Empfehlenswert ist das Format 10 x 60 cm, das die Körpergröße von 70–130 cm misst. Diese auf eine Holz- oder Kartonunterlage (10 x 70 cm) aufkleben und bemalen. Zuhause auf Höhe 130 cm hängen und fertig!

M 5 Mai: Zum Muttertag:
Ich hab dich so sehr lieb

Herz

M 6 Juni: Schau dir mal meine Hand an!

Hand

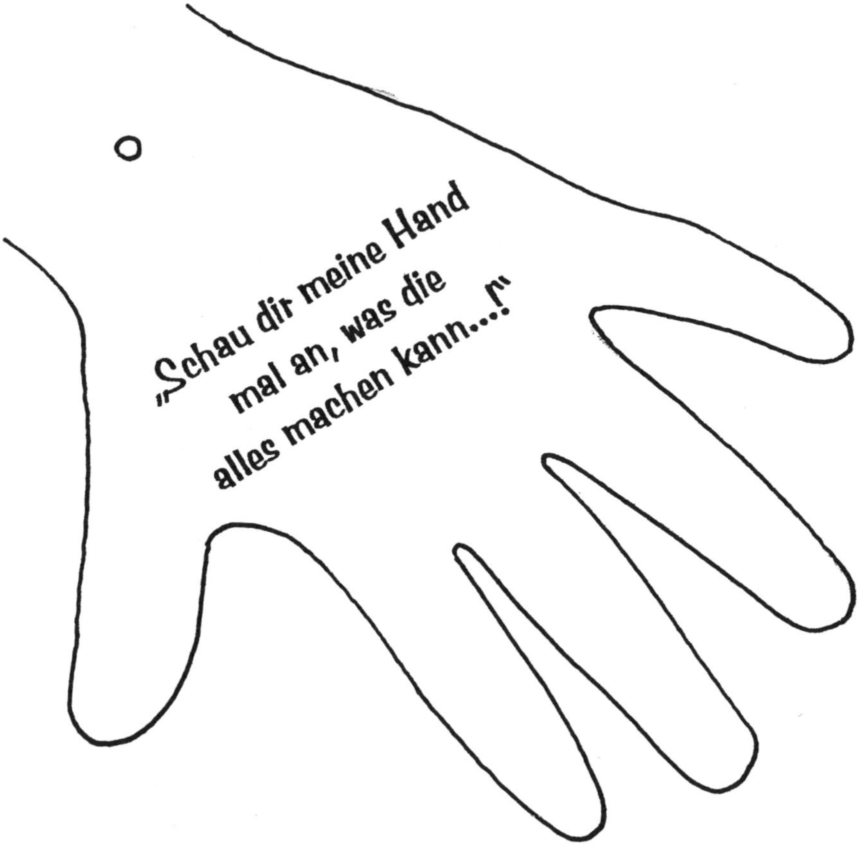

Rucksack

Igel

Um ca. 200 % vergrößern, auf braunen Karton kopieren und an vorgesehener Stelle Flügelklammern befestigen. Bewegliche Plastikaugen aufkleben und fertig ist der Igel Willibald.

Stern

Kind